世界は女性が変えてきた

夢をつないだ84人の勇者たち

ケイト・ホッジス 著

サラ・パップワース イラスト

西川知佐 訳

東京書籍

Contents

序文

洗濯をするたびに、私は祖母のことを考える。その頃の女性たちがみんなそうしていたように、祖母も大量の洗濯物を一つ一つ手洗いしては、手回し機で脱水していた。夫が裏返しに脱いだままの靴下を元に戻し、干して乾いたら左右揃えてきちんとタンスにしまう。夫の下着もアイロンをかけてからしまっていた。

母は洗濯機を使っていた。靴下を裏返しのままにしないよう夫を教育し、下着にアイロンはかけなかった。それでもほかの厄介ごとは、祖母の時代から変わっていなかった。

私も夫の服を洗濯するけれど、ただ洗うだけだ。夫の靴下は揃えないし、下着だってしわくちゃのまま。自分のことは自分ですればいい。

洗濯は2週間に1度——共働きで子どももいるため、うちはいつだって洗濯物がたまっている——こうした個人的でささやかな女系のつながりを通して、私は女性の地位がどれほど向上してきたかに思いを馳せ、同時にこの先の道のりがいかに長いかを痛感する。

他者とのつながりは大切だ。それによって抑圧されたり傷つけられることもあるけれど、支えとなり何かから解放してくれもする。詩人のジョン・ダンが「人は誰も孤島ではない」と言ったように、誰だって1人では生きられない。他者がいるから、人は力強く成長できるのだ。

そしてそのつながりこそ、長い歴史の中で女性たちが手に入れようとしてきたものなのだ。男性は違う、いつだって彼らはつながりを保ってきたからだ。外の世界で公私ともに多くの出会いを経験し、その物語、思想、意見、偉業は称賛とともに語り継がれ、先人や英雄、指導者らの成し遂げたことは広く共有されてきた。

その一方で、女性は長いこと過小評価されている。女性の物語、思想、偉業をはじめとする多くのことが、歴史に残す価値はないと軽視され、その結果、私たちのつながりは——徐々に、けれども着実に——絶たれてしまったのである。同じ時代を生きる者同士だけでなく、先人たちとの間にも大きな隔たりが生じていった。ベティ・フリーダンが名づけた「名前のない問題」、これこそ、大昔から形を変えながら続いてきたものを象徴している。フリーダンは、結婚して家庭に入った女性たちが、自分は理想とされる生活を送っているのに、なぜ漠然とした不満や不安を抱えているのだろうと——精神安定剤の影響でぼんやりした状態であった場合も多いが——素敵な家で1人途方に暮れる実情を明らかにした。その問題を著した『The Feminine mystique（邦題：新しい女性の創造）』はベストセラーとなり、今なお読み継がれ、同じ悩みを抱える女性たちを時を超えて結びつけてきた。1970年代には、女性同士で集まり、個人的な経験を語り合う「コンシャスネス・レイジング」が行われるようになる。そこで女性たちはそれぞれの悩みが共通してい

ることに気づき、ともに倒すべき相手を認識していった。現代ではローラ・ベイツの「エブリデイ・セクシズム・プロジェクト」が同様の働きで、女性たちのつながりをより強固にしている。これは女性が受けた性差別の被害を報告・共有していくプロジェクトで、専用のオンラインフォームやTwitterアカウントには、嫌がらせや暴行だけでなく、尊厳を傷つけられたり、不安な気持ちにさせられたり、男性よりも劣った存在として扱われたりしたなど、世の女性が直面した何百万もの体験談が寄せられている。

同時代だけでなく、共通の過去とつながろうとすることで、私たちの抱える孤独感は薄れていく。個人の経験がはっきりと認識されれば、それは同じ流れの一事例として扱われるようになり、被害の声を黙殺しようとする者が、それを無視したり、否定したりできなくなる。私たちが互いを認識し、助けとなってくれる存在の大きさを知れば、行動を起こすために必要な力も高まるのだ。

共通の過去とつながることは、同じ時代を生きる人々との結びつきを深めることと同じぐらい重要だ。多くの偉業が歴史から理不尽に抹消されてきたが、女性が達成したことの記録が残されなければ、私たちは同時代から孤立したときに失うのと同じものを奪われ、同様のことを延々と繰り返すことになる。これまでフェミニズムの運動は第4波まで起こっているが、いつだって世間から

の嘲笑や過小評価、抑圧などとの戦いを強いられてきた。そのため、どの波も新たな地点に到達するまでに同じ道を辿らなければならなかった。先人がどのような問題に直面し、どう解決策を講じ、そのどれが失敗し、どれが成功したかが伝えられなかったために、女性はどれだけ余分なエネルギーを浪費してきただろう。

今の時代は、これまでになく女性の声に耳が傾けられるようになった。これは素晴らしいことだ。欠点をあげればきりがないインターネットだけれど、その存在のおかげで私たちはつながることができている。現実の世界でも、反トランプデモやブラック・ライヴズ・マターをはじめとする多くの社会運動も起こっている。もはや歴史は勝者だけが作るものではない。記録とは一方向から書かれたものでも、不変なものでもないのだ。マララ・ユスフザイ、ビヨンセ、オプラ・ウィンフリー、ミシェル・オバマといった世界的に有名で優れた女性たちの名を歴史から消すことなどできやしない。これまで男性がしてきたように、未来の世代の女性は、巨人の肩の上に立つことができるはずだ。女性たちよ、前を向こう。汚れたままの、左右不揃いの靴下に背を向けて、目の前に広がる素晴らしい景色に向けて踏み出そう。

ジャーナリスト、コラムニスト
ルーシー・マンガン

はじめに

すべての偉大な女性の背後には、別の偉大な女性が存在する。本書には、素晴らしい女性たちの物語がいくつも収められている。下着に情報を隠していたスパイ、Wi-Fiにも使用されている技術を発明した女優。投獄され、強制的に食事を流し込まれた女性参政権運動家、何百人もの奴隷たちを解放した、自身も奴隷だった女性——。彼女たちは、1人で戦っていたわけではない。友人、仲間、指導者らの力を借り、つながりのある過去の女性の偉人たちにヒントを得ていたのだ。

これから紹介する女性たちは、親密な仲から緩やかな結びつきまで、様々な形でつながっている。親友や恋人同士、仕事仲間の場合もあれば、互いに影響し合い、同じ運動に身を投じ、同じ賞を授与された場合などもある。ただし本書はシスターフッド（女性たちや姉妹関係の連帯や友情、絆）を祝福するもので、男性との恋愛関係を通じたつながりを語るのは極力避けるようにした。

インディラ・ガンディー、エレノア・ルーズベルト、ヴィクトリア女王といった世界的に有名な女性が登場するが、読者の中には、彼女たちのことは知っていても、ほかの女性たちとのつながりまで知らない人もいるかもしれない。イギリスの全寮制の学校でホームシックにかかっていたインディラを作家のアイリス・マードックが

慰め、お堅いエレノアはロングドレスでアメリア・イアハートの操縦する飛行機に乗り込んで旅に出かけ、ヴィクトリア女王は先鋭的な作家であるハリエット・ビーチャー・ストウと秘密裏に会ったりしていたのだ。

知名度はそこまで高くなくても、驚くべき人生を送った女性たちも登場する。コンセプチュアルなアート表現などを通してジェンダーの境界線をあいまいにし、ナチスに捕らえられながらも危ないところで死刑を免れた芸術家のクロード・カーアン。『ティファニーで朝食を』の主人公ホリー・ゴライトリーのモデルとされる、大酒飲みで孤独なコラムニストのメーヴ・ブレナン。スペイン内戦下の女性や子どもたちの姿を、静かで鋭い視点で捉えた写真家カティ・オルナ。彼女の作品は、恋人で写真家のロバート・キャパが同内戦の前線で撮影した作品よりも、鮮烈な印象を放っている。彼女たちのそんな物語に光を当てることができたのは、誠に幸運である。

本書で紹介するのは、19世紀以降の様々な分野で活躍しながら、さらにほかの女性とのつながりが認められる女性たちだ。中国の海賊である鄭一嫂やノルウェーの猟師ヴァンニ・ヴォルスターなども取り上げたかったが、彼女たちは孤独な生活を送っていたため、他者との交流の記録は見つけられなかった。

女性たちについて調べていると、その多くの功績が、同僚や身内によって消されたり、貶められたりしていたことに気づく。ファニー・メンデルスゾーンは、彼女の楽曲が弟の名前で発表されていなかったら、もっと早くに偉大な作曲家として知られるようになっていただろう。物理学者リーゼ・マイトナーは、その深い知識が女性であるがゆえに無視されなければ、ノーベル物理学賞に輝いていたかもしれない。

書いていて苦痛に感じる物語もあった。アンネ・フランクの話は数えきれないほど読み返しているが、いまだに心打たれ、涙なしに原稿を書くことができなかった。衝撃的な物語もあった。メルセデス・デ・アコスタとコレットの奔放で貪欲な性欲には心底驚かされたものだ。

サラ・パップワースの魅力あふれる独創的なイラストは、物語に負けることなく生き生きと女性たちを蘇らせてくれた。ページをめくるとストーリーが鮮やかに浮かび上がり、彼女たちの姿、そして彼女たちがどんな世界に生きていたかが伝わってくる。

本書を書くにあたって、登場する音楽家たちのプレイリストを作ってみた。ニーナ・シモンのパフォーマンスは大地を揺り動かすほどの力を保ち続けているし、パティ・スミスは今でも世界中のアーティストに影響を与えている。マヘリア・ジャクソンの歌声を耳にすれば、たちまち生きる力が湧き上がってくる。このプレイリストは Spotify でチェックできる (https://open.spotify.com/playlist/2HV0tXFrpTBtdSTRtEvMx6)。

「六次の隔たり」というように、世界中の人間がつながっている。シスターフッドも果てしなく広がっており、とても1冊の本に収めることができなかった。紹介したくてもできない女性も大勢いた。デリア・ダービシャーもプッシー・ライオットもビョークも載せられなかったし、ヴィタ・サックヴィル＝ウエストもトニ・モリソンもエレナ・フェッランテも諦めなければならなかった。ベリル・バートンもタヴィ・ゲヴィンソンもヴィヴィアン・マイヤーもパティ・ハーストも無理だった。アレキサンドリーヌ・ティニも登場させられなかったし、マリー・ラヴォーを紹介したくてもページが足りなかった。リサ・シンプソンだって泣く泣く断念した。それでも本書に登場する女性たちの物語はどれも驚くものばかりで、書きながらたくさんの刺激と感動をもらった。同じような体験をしてもらえたらうれしい。

著者
ケイト・ホッジス

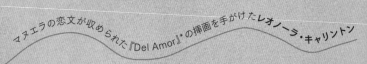
マヌエラの恋文が収められた『Del Amor』*の挿画を手がけたレオノーラ・キャリントン

MANUELA SÁENZ
マヌエラ・サエンス

政治家
1797-1856
ペルー（エクアドル）

　マヌエラ・サエンスの人生は、情熱的な愛と、政治への強い信念が混ざり合ったものだった。エクアドルのキトで婚外子として生まれた彼女は、幸運にも、すでに新しい家庭を持っていた父親に家族の一員として迎え入れられる。17歳で修道院に送られたが、軍人の誘惑にあったため、彼女の身を「守る」との理由から、倍ほども年齢が違うイギリス商人ジェームズ・ソーンと見合い結婚をさせられた。幸せな結婚ではなかったが、少なくとも金に困ることはなかった。

　マヌエラは夫とともに移り住んだペルーで華やかな暮らしを送り、政治指導者や軍の上層部をもてなしながら、そこで交わされる秘密の会話に聞き耳を立てることになった。その後、16世紀にスペインによって植民地化されたラテンアメリカ諸国で独立運動が起こると、彼女も熱心に運動へと加担していく。夫を残してキトへ戻ったこともあったが、これは当時の慣習に背くような大胆な行為であった。

　1822年、マヌエラは運命の相手と出会う。ラテンアメリカの「解放者」として知られるシモン・ボリバルだ。2人はすぐに惹かれ合い、ともに独立運動を闘っていく。マヌエラはスパイとして活躍しただけでなく、女性の権利運動に携わり、軍の組織を率いて負傷者の手当てなども行った。終始ボリバルを支え、身をていして彼を暗殺

から守ろうとするマヌエラを、ボリバルは「解放者の解放者」と呼んだ。

　濃密な時を過ごした2人だったが、1830年、ボリバルはヨーロッパへ渡る直前に結核で他界。マヌエラはジャマイカへ逃れ、その後ペルーへと渡った。型破りな人生を送り、不遇の最期を迎えることになるが、マヌエラは南米に貴重な遺産を残す存在となった。彼女の遺骨は、ペルーのパイタにある共同墓地に納められていたが、2010年にベネズエラのカラカスに移され、ボリバルの墓の隣に埋葬された。

　晩年のマヌエラは、タバコを売ったり、北米の捕鯨業者たち——その中に作家ハーマン・メルヴィルもいた——のために手紙を訳したりしながら生涯を閉じた。その頃、イタリア統一の指導者ジュゼッペ・ガリバルディが南米に渡っている。マヌエラ同様、彼自身もソウルメイトで政治的な同志でもあった妻アニータを亡くしたばかりだった。ガリバルディは在りし日のマヌエラを訪ねており、境遇が重なる2人は互いの気持ちを理解し、打ち解け合ったことだろう。当時、アニータとマヌエラが南米諸国に与えた功績は、男性指導者らの陰に隠れてしまったが、現在はともに、南米における女性解放の象徴とされている。また、彼女たちがスペインからの独立に大きく貢献したことは言うまでもない。

*『Del Amor』：スペインの小説家マクス・アウブの作品

MANUELA SÁENZ

*libertadora
del
libertador*"

LOUISE MICHEL

SOFIA KOVALEVSKAYA

ANNA JACLARD

ソフィア・コワレフスカヤ、アンナ・ジャクラール、ルイーズ・ミシェルも革命に身を投じた

ANITA GARIBALDI

アニータ・ガリバルディ

革命家の妻／1821-1849　ブラジル

　19世紀の革命運動下で花開いた大恋愛と言えば、アニータとジュゼッペ・ガリバルディを忘れてはならない。2人は南米、そしてイタリアの運動でともに闘った。

　アニータはブラジルに生まれる。牧畜と漁業で生計を立てる貧しい家庭で厳しく育てられ、馬を操るのが得意な意志の強い少女であった。14歳で無理やり結婚させられたが、すぐに夫は軍に入隊し家を空けるようになる。

　1839年、アニータはジュゼッペ・ガリバルディと出会う。ガリバルディは、ブラジル南部で10年も続くファラポス戦争の反乱軍に加わっていた。アニータに一目惚れしたガリバルディは「あなたは私のものになるべきだ」と言ったと伝えられている。ロマンチックなようでちょっと気味の悪い言葉だが、ガリバルディに惹かれたアニータは彼の船リオ・パルド号に乗り込んで運命をともにするのだった。

　アニータはガリバルディに、乗馬や南米特有の牛の放牧に従事するガウチョの暮らし方を教えながら、彼と力を合わせて戦場を駆け抜けた。マスケット銃で攻撃を仕掛け、物資を手配し、仲間の救護にも当たり、妊娠中も戦場に出て、妊娠8カ月の身で騎兵隊を率いている。

　1840年のクリチバノスの戦いでは、身重の体で捕虜となったが、馬で逃走。馬が射殺されるとカノアス川に飛び込み、4日間何も食べずに森の中をさまよったあげく、最愛のガリバルディと再会を果たした。

　アニータとガリバルディは4人の子どもを授かり、2人はウルグアイのモンテビデオで1842年に結婚した。

　その後も2人は闘いに身を投じていく。ガリバルディは家族とともにイタリアに帰国し、オーストリア軍を相手に戦うも苦戦を強いられる。かたやマラリアに感染し衰弱したアニータは、帰らぬ人となった。妻の死を嘆き悲しんだガリバルディだが、その11年後、イタリア統一後最初の王ヴィットリオ・エマヌエーレ2世との栄えある会合で、彼女の形見である縞模様のスカーフを身につけたという。

　愛と冒険に満ちたアニータの波乱万丈な人生は映画にもなっている。1952年公開のゴッフレード・アレッサンドリーニとフランチェスコ・ロージ監督による『Camicie rosse』だ。嵐のように激しく、勇かんな扇動者であるアニータを演じたのが「雌狼」と例えられた俳優**アンナ・マニャーニ**だった。

ANNA MAGNANI
アンナ・マニャーニ

俳優
1908-1973
イタリア

　素晴らしい演技力を誇るイタリア人俳優アンナ・マニャーニ。表情豊かで、恐れ知らず。興奮しやすく、火山のように激しい気質を持つことから「イタリア映画界の荒ぶる母」とも呼ばれている。ローマの貧しい地域で育ち、通っていたフランス系の修道院付属学校で修道女らによるクリスマスの劇を見て演技に目覚め、演劇学校に入学した。

　けれども実際にアンナが演技力を磨いたのは、危険がいっぱいの街中だった。ギャングたちと出歩き、ナイトクラブや安キャバレーで歌声を披露しては金を得ていたのだ。くしでとかしていないようなゴワゴワの髪、暗い瞳、がっしりとした体つきなど、彼女の美しさは独特だ。陰のある目は魅惑的で、堂々たる振る舞いとともに、スクリーンでは大いに色気を放っていた。

　1935年、映画監督のゴッフレード・アレッサンドリーニと結婚。映画『La Cieca di Sorrento』で主演を果たす。アンナは仕事よりも結婚生活に重点を置いたが、7年後に別居。別の男性と短期間の交際後、同年に息子ルカを出産する。ルカがポリオにかかり、下半身が不自由になってしまったことから、アンナは息子が生涯金に苦労しないようにと、大金を稼ぐようになっていく。

　1945年には、息の合う仕事仲間ロベルト・ロッセリーニと恋に落ちた。アンナは恋愛について「私のような女は、自分を支配してくれる男に尽くす。でも私を支配できる男になんて、これまで出会ったことがない」と語っている。ロッセリーニも彼女を支配しようとしたもの

の、2人は手がつけられないほどの大げんかをするように
なり、別れた。

　1951年公開の映画『ベリッシマ』で素晴らしい演技
を見せたアンナは人気俳優としての地位を築き、様々な
一流監督らの作品に出演していく。テネシー・ウィリア
ムズが自身の作品を脚色した『バラの刺青』では、アン
ナのことを思って書かれた主人公セラフィナを演じ、ア
カデミー主演女優賞を受賞した。

　憂いを帯びた声と、薄汚れたスラム街や路地に住む
人々に真摯に心を寄せる様子から、アンナは「イタリア
のピアフ」とも呼ばれている。アンナとエディット・ピ
アフは、それぞれの国の特徴やスピリットをパフォーマ
ンスする存在であり、ともに表現豊かで情感に満ちた、
恐れを知らない生き方を貫いた。

MERYL STREEP

メリル・ストリープは、アンナから強い影響を受けた

Anna
MAGNANI

ÉDITH PIAF

ISADORA DUNCAN

JOSEPHINE BAKER

COLETTE

エディットと同様、ジョセフィン・ベーカーも
パリの名店ラ・クーポールで歌を披露したことがある

イサドラ・ダンカンとコレットも、エディットと同じペール・ラシェーズ墓地に眠っている

ÉDITH PIAF

エディット・ピアフ

シャンソン歌手／1915-1963　フランス

エディット・ピアフと言えばトーチ・ソング（片思いの歌）だろう。ささやくように歌う『ラ・ヴィ・アン・ローズ』や『水に流して』は、フランス文化に深く染み込んでいる。彼女の鮮やかで波乱に満ちた人生、そして豊かな感情が音符のひとつひとつに宿っているようだ。

幼少期のエディットにまつわる逸話の中には根拠に乏しいものもあり、すべてを鵜呑みにすることはできないが、興味深い話はいくつもある。本名はエディット・ガション。ドイツ軍に処刑されたイギリス人看護師イーディス・キャベルにちなんで名づけられた（「すずめ」を意味するピアフというニックネームは、後につけられた）。路上で（またはある家の階段で）生まれたという。祖母は売春宿を営み、父親と祖父は大道芸人で、母親はカフェのシンガーという個性豊かな人々に囲まれて育った。

10代の頃には曲芸をする父親の横で歌を披露しており、彼はエディットの声がとても大きくて「ライオンを圧倒するほど」だったと語っている。エディットは17歳で子どもを産んだが、その子は2年後に亡くなった。

そんなエディットの才能を見出したのが、ナイトクラブのオーナーであるルイ・ルプレだ。ルプレはエディットに黒いドレスを身につけさせては、失恋、傷心、情熱の歌を歌わせた。ところが、エディットの最初のレコーディングの直後、ルプレは殺害され、彼女にも疑惑の目が向けられる。悪い評判を打ち消すために、名前をエディット・ピアフに改めてからは、ジャン・コクトーの演

劇『Le Bel Indifférent』に出演し、歌手としてのキャリアを築いていった。

たちまちフランスで最も人気のある歌手となったエディットは、ヨーロッパ公演旅行を敢行、アメリカのカーネギー・ホールのステージにも2回立っている。だがその後、交通事故に3度遭い、アルコールと薬物の依存症に長年苦しみながら、1963年に他界。遺体はパリの有名なペール・ラシェーズ墓地に埋葬された。当時のカトリック教会は彼女の葬儀でミサを執り行うことを拒んだが、没後50年にあたる2013年にローマ・カトリック教会が追悼ミサを行っている。「私が人生でやってきたのは、服従しないことだけ」との言葉を残したエディットだが、ようやく教会に受け入れられたのだ。

エルトン・ジョンからマリアンヌ・フェイスフル、レディー・ガガまで、エディットは数多くの音楽家に影響を与えてきた。彼女の熱烈なファンの1人がパティ・スミスである。フランスびいきを公言し、ピアフのようなミューズ的存在に憧れたパティは、エディットの伝記から刺激を受け、「ピアフは男たちを深く愛しては、尽くした」とも話している。パティ自身も、恋人で写真家のロバート・メイプルソープと暮らし始めたときには、そのような役割を担っていた。共同生活が始まったばかりの頃、パティが間に合わせでこしらえた壁掛けデスクに飾ったのは、エディット・ピアフの写真だった。パティはライブでピアフの歌のカバーもしている。

パティはニーナ・シモンの影響を強く受けている

FRIDA KAHLO

NINA SIMONE

KATHARINE HEPBURN

パティはフリーダ・カーロの大ファン

ペンシルベニア州のブリンマー大学は

パティに「キャサリン・ヘプバーン・メダル」を贈った

PATTI SMITH

パティ・スミス

ミュージシャン
1946-
アメリカ

　反逆、詩、アート、それにロックン・ロール、そのすべてのもやもやした感情を一点に集めたとがった針先のような存在、それがパティ・スミスだ。

　イリノイ州シカゴの敬虔な家庭で生まれ育ったが、10代になると教会へ足を向けなくなり、ボブ・ディランなどのレコードを聴くようになる。大学をやめて、ニューヨークのマンハッタンに移住。写真家のロバート・メイプルソープと出会い、恋に落ちた。パティはメイプルソープのパートナー兼ミューズとして、ともに芸術的に高め合っていく。メイプルソープはその才能で素晴らしい作品を撮り、パティは詩を作り、絵を描き、ジャーナリストとして働いた。サム・シェパードとともに戯曲『Cowboy Mouth』を制作し、主演もしている。メイプルソープが自分のことをゲイだと気づいた後も、2人は芸術におけるパートナー、そして同志であり続けた。

　1974年、パティ・スミス・グループを結成し、インディーズ・シングルを制作。翌年にはファースト・アルバム『ホーセス』でメジャー・デビューを果たした。

　当時、ニューヨークではパンク・ムーブメントが巻き起こっており、「CBGB」や「MAX'S KANSAS CITY」といったアンダーグラウンドのクラブから、ラモーンズやブロンディなどが世界の大舞台に飛び立った。

　1970年代後半、パティはプロト・パンク・バンド

MC5のメンバー、フレッド・ソニック・スミスと出会い、結婚。2児をもうけた。彼女はそれから10年以上も音楽活動から離れ、1988年にアルバムを1枚発表しただけだった。1990年代に入ると悲しい出来事が続く。夫のフレッド、弟のトッドが相次いで他界したのだ。その後、彼女はグループを再結成し、音楽活動を再開させる。

　もともとパティの芸術表現は政治色の強いものだったが、新たな作品はさらに過激になった。また写真展の開催、本の出版、ライブイベントの主催と幅広い活躍を見せ、様々な賞も受賞した。パンクでありながら、博識。そんな彼女は、今なお刺激的な存在である。

　芸術家としての道を歩み始めた頃、パティは俳優を志し、時代の先端をいく演劇の舞台にも立っていた。インタビューでも「戯曲『肝っ玉おっ母とその子どもたち』にずっと出たかった」と発言している。しかしセントラル・パークの野外劇場で、ニュージャージー出身で同年輩のメリル・ストリープの演技を2回ほど見て、そんな考えはなくなったようだ。パティは、メリルの演技について「その素晴らしさに愕然とした。彼女の持つ力強さにはもちろん、その動き、体を使った演技に圧倒された」と語っている。メリルも"ソウルメイト"であるパティに敬意を表し、「パティ・スミスになれたら、とても幸せでしょうね」と話している。

MERYL STREEP

メリル・ストリープ

俳優
1949-
アメリカ

本人はこう書かれることを嫌がるかもしれないが、メリル・ストリープはアカデミー賞やゴールデングローブ賞の常連俳優だ。ゴールデングローブ賞のノミネートは史上最多。まさに現代を代表する俳優である。

高校生で舞台に立ち始めたメリルは、イェール大学の演劇大学院に進学。ニューヨーク・シェイクスピア・フェスティバルに出演して注目を集めたが、映画『タクシードライバー』でロバート・デ・ニーロが見せた迫真の演技に感銘を受け、映画俳優の道を歩み始める。

その鋭い知性と強いプライドで、メリルは頭角を現していく。メリルによると、大きな躍進を遂げるきっかけとなった1979年の映画『クレイマー、クレイマー』では、こんな出来事があったそうである。オーディションを受けていた彼女は、主演のダスティン・ホフマンとプロデューサーに向かって台本の弱点を指摘し、自身が登場する部分を書き直させたのである。

1980年代には『フランス軍中尉の女』『シルクウッド』『愛と哀しみの果て』などに主演して、真価を見せつける。90年代になると脇役を引き受けることも増えたが、堂々たるキャリアがぐらつくことはなかった。

世界的に大ヒットした『マンマ・ミーア！』から『アダプテーション』『プラダを着た悪魔』『マーガレット・サッチャー 鉄の女の涙』などでも賞を獲得しながら、反骨精神を見せつける場面もあった。彼女は自身を「左派」であると語っており、ゴールデングローブ賞の特別功労賞（セシル・B・デミル生涯功労賞）の授賞式で、「権力者が立場を利用していじめをすれば、私たち全員が敗北するのです」とドナルド・トランプを批判して盛大な拍

手を浴びている。

　彼女は、実在の偉大な女性たちを何人も演じてきた。マーガレット・サッチャー、ジュリア・チャイルド、カレン・シルクウッド、そして『未来を花束にして』の**エメリン・パンクハースト**。登場時間は短いが、強烈な印象を作品全体に残している。エメリンがバルコニーで演説する重要なシーンの撮影時には感動したと話している。「バルコニーに立つと、こちらを見つめる、感情が高ぶって希望に満ちた若い女性たちの顔が見えたわ。なんだか泣けてきて、とても驚いてしまったの。次の世代から希望をもらっているとわかって」。

　エメリンの曾孫（ひまご）の女性は、この配役を称賛している。「メリル・ストリープは熱心なフェミニストであり、ハリウッド界の性差別に対しても恐れずに声をあげています。そんな彼女が演じてくれるのは、素晴らしいことです。曾祖母（そうそぼ）も気に入るはずです。フェミニズムを象徴する存在ともいえるのですから」。

VIRGINIA WOOLF

ヴァージニア・ウルフの『ダロウェイ夫人』をモチーフとした映画『めぐりあう時間たち』でメリル・ストリープはクラリッサ・ヴォーンを演じている

Streep

EMMELINE

PANKHURST

ルイーズ・ミシェルはエメリンの家に招かれている

ハリエット・ビーチャー・ストウと同じく
パンクハースト一家も奴隷制度廃止運動を支持していた

EMMELINE PANKHURST
エメリン・パンクハースト

女性参政権活動家／1858-1928　イギリス

　イギリスの女性参政権を求めて果敢に闘ったのが、エメリン・パンクハーストだ。彼女は勇気と信念を胸に、法を犯しながらもこれまでの社会を変えるべく奮闘した。

　エメリン・グールデンとしてイングランドのマンチェスターに生まれ、進歩的な考えを持つ両親に育てられた彼女は、14歳で参政権にまつわる会議に初めて出席した。夫となったリチャード・パンクハーストは24歳年上で、女性の参政権獲得などの運動を先導する存在でもあった。夫婦は5人の子どもを授かったが、リチャードはエメリンに対して、家庭の外で社会活動を続けるように励まし続けた。1889年、2人は女性の権利のためのウイメンズ・フランチャイズ・リーグを設立した。

　1898年、リチャードが死去。1903年、エメリンはすべての女性のために婦人社会政治連合（WSPU）を組織する。最初は集会の開催や嘆願書の提出、チラシの配布などを行うだけだったが、活動は徐々にエスカレートし、放火事件や暴動を起こし、窓ガラスを破壊し、警官と争うようになる。エメリンは「言葉ではなく行動を」というモットーのもと、自分たちの主張を広めるためには過激な行動も必要だと考えていた。このように闘争的な運動を展開する女性たちは「サフラジェット」と呼ばれた。50万人が参加したハイド・パークでの集会が政府になんの影響も与えなかったため、WSPUはその活動をより先鋭化させていく。エメリンをはじめ、投獄される女性の数も急増。刑務所でハンガーストライキを決行しては、

強制的に食事を流し込まれたりもした。メンバーの中には暴力行為の拡大を危惧する者もいて、組織は分裂する。しかしエメリンは、闘争方針を変えなかった。

　第一次世界大戦が勃発すると、WSPUは活動を一時中止して祖国の戦闘を支援する。そして停戦後の1918年、イギリスでは公職選挙法により30歳以上の女性にも選挙権が与えられた。エメリンの活動は落ち着き、保守党に入党して多くの人を驚かせてもいる。長年の運動やたび重なる投獄とハンガーストライキにより体が弱り、1928年に永眠。亡くなった直後に、女性の選挙権は男性と同じ21歳に引き下げられた。

　エメリンと子どもたちの関係は密接で、かつ複雑なものだった。とくに娘たちとの関係は際立って目につく。長女クリスタベル、次女シルヴィア、三女アデラも運動に加わったが、暴力的な手段のあり方や考え方の違いから、次女と三女は母親と対立する。1913年、この2人はWSPUを追放され、アデラはエメリンの強い勧めからオーストラリアへ移住している。一方、シルヴィアは社会主義者になった。彼女たちはパシフィスト（平和主義者）であったため、母親のように戦争を支援することもなかった。シルヴィアは長い間、母親との関係を断っていたが、1925年に再会。だが折り合いは悪かった。1927年後半に**シルヴィア**が未婚の母となり、それにエメリンがショックを受けて死期が早まったとも伝えられている。

23

SYLVIA PANKHURST

シルヴィア・パンクハースト

女性参政権活動家／1882-1960　イギリス

　シルヴィア・パンクハーストは孤高の人だった。創造性豊かで、マンチェスター・スクール・オブ・アートを経て、ロイヤル・カレッジ・オブ・アートへと進む。そこで学んだ技術をもって、母エメリンが組織した婦人社会政治連合（WSPU）のロゴやフラッグ、バナーなどのデザインを手がけ、1906年には本格的に組織の一員となった。サフラジェット（闘争的女性参政権活動家）の中でも最も多く投獄されては強制摂食を受け、「猫とネズミ法」（ハンガーストライキを敢行するサフラジェットに手を焼いた政府が定めた法律。健康が悪化すると保釈し、回復すると再逮捕した）によって何度も釈放と再逮捕を繰り返す。

　シルヴィアは母親よりも幅広い活動を行っており、社会主義者で、労働党のキール・ハーディとは親しい友人関係にあった。1913年にWSPUから追放されると、東ロンドン・サフラジェット連盟を設立。後に労働者社会主義協会と改名する。

　参政権の実現を信じるシルヴィアは、女性参政権運動の成功を確信すると、第一次世界大戦の反戦を訴えた。また機関紙「ワーカーズ・ドレッドノート」を発行し、母子が医療を受ける権利などを主張した。

　戦争が終わりに近づいた頃、イタリアの無政府主義者シルビオ・コリオと出会い、一緒に暮らし始める。1927年には息子リチャードが誕生したが、政治活動への情熱

はとどまることを知らなかった。世界的な人権問題に取り組み、ファシズムにも抗議した。イタリアのエチオピア侵略では、エチオピア支持の運動を展開。皇帝ハイレ・セラシエを支持し、1956年には彼の招待を受けてエチオピアに移住した。後年になってもイギリス保安局から危険人物として行動を見張られ、「厄介なミス・シルヴィア・パンクハーストを口封じする計画」が立てられたりもした。1960年にアディス・アベバで死去。セラシエは彼女を「エチオピアの名誉」と呼び、国葬で送った。

　政治活動に熱心な家庭で育ったことが、若きシルヴィアを形作ったことは間違いないが、同時に母親のエメリンが家に招いた刺激的なゲストの影響も受けている。その中の1人が、フランスの無政府主義者ルイーズ・ミシェルだ。パリ・コミューンで活躍した彼女の印象を、シルヴィアはこう話している。「小柄なお婆さんで、茶色のコートを着ていた。とてもやせていたけど、目はギラギラしていて、よく日に焼けていた。一目で素晴らしい活動家であることがよくわかったわ」。

GEORGE ELIOT

ジョージ・エリオットは、シルヴィアと同じくロンドンのチェイニー・ウォークに住んでいた

SYLVIA
PANKHURST

DEEDS NOT WORDS

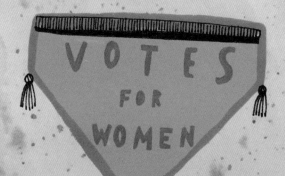

VOTES FOR WOMEN

マリー・マーヴィング、ガートルード・スタインと同じく、ルイーズも救急車の運転手として働いた

MARIE MARVINGT

GERTRUDE STEIN

LOUISE MICHEL
ルイーズ・ミシェル

革命家
1830-1905
フランス

　古いヴィクトリア朝の女性。ルイーズ・ミシェルの写真を見るとそんな印象を受けるかもしれないが、実際は「赤い雌狼」や「赤い処女」と呼ばれながら、銃を手に戦った無政府主義者だ。城主とメイドの間の婚外子として生まれ、裕福な祖父母に牧歌的な環境でのんびりと育てられた。だが彼らが他界すると、意地悪な義理の母に城から追い出される。

　パリに移り、モンマルトルで教職に就くと、数多くの詩を発表し、政治的な集会にも顔を出しては過激な革命家として活動を始めた。

　1871年、普仏戦争に敗れたフランスでは、国民兵が革命自治政府パリ・コミューンを樹立。72日という短命な政府であったが、そこでルイーズは救護班として活動する。追放された娼婦たちを救護班の一員として働けるように取り計らい、いかついブーツと軍服を身につけ、拳銃を片手に、髪を風になびかせながらバリケードの上にも立った。

　命知らずのルイーズは、引火性の高い武器の横にろうそくを掲げて脱走兵を脅したり、攻撃を受けている最中にコーヒーを飲みながらボードレールを大声で朗読したり、教会のオルガンを弾いて敵の気を引いたりと、仲間を困らせることも多かった。そんな彼女だが、血なまぐ

さい状況にさえもロマンを感じていた。後年、ペール・ラシェーズ墓地でのパリ・コミューン最後の戦いを「澄んだ夜気は花の香に満ちて甘く、墓石にも命が宿っているようだ」と表現したりもしている。

　コミューンが崩壊し、ルイーズは裁判で死刑を言い渡されるが、20カ月を監獄で過ごした後、オーストラリア東方のニューカレドニア島に流刑となった。彼女がそこで退屈に過ごすわけもなく、現地人のフランスに対する反乱を支持したりもした。1880年に恩赦を受けて帰国すると、数多くの講演や討論を行い、ロンドンにも滞在している。無政府主義者として精力的に活動を続け、1883年には暴徒を先導してパン屋を襲撃したために投獄もされている。そして講演旅行中に倒れ、マルセイユで没する。

　そんなルイーズとともに闘ったのが、**アンナ・ジャクラール**だ。ロシアの社会主義者でありフェミニストでもある彼女は、パリ・コミューンにも参加している。彼女がコミューン最後の抗戦で見せた勇ましい強さを、ルイーズは称賛した。2人はニューカレドニア島の同じ地区で強制労働につくはずだったが、アンナはロンドンへ亡命し、拘束をまぬがれた。

27

ルイーズ・ミシェル、マヌエラ・サエンス、アニータ・ガリバルディも戦いに身を投じた

ANNA JACLARD
アンナ・ジャクラール

革命家
1843-1887
ロシア

アンナ・ジャクラールは、自由な発想を持つ急進主義者で、行動的な人物だった。ロシアの貴族の家系に生まれ、父はロシア帝国軍の元中将。政治的な書物が周りにある環境で、妹のソフィアとともに育てられた。ロシアのニヒリスト的な環境下で徐々に理想主義の若者へと成長し、社会と政治の改革を目指すようになる。こっそりと書いた2作の物語が、ドストエフスキー主宰の雑誌『エポーハ』に掲載され、ドストエフスキーに会いにサンクト・ペテルブルクへ向かったこともあった。アンナに惹かれたドストエフスキーから結婚を申し込まれたが、「彼の妻となる人は、彼にすべてを捧げなければいけないでしょ

う。私にはそれができません。私は自分のために生きたいんです！」と断っている。それでも2人は生涯の友人でい続けた。

1866年にスイスへ移り住み、ジュネーブで医学を学ぶ。亡命してきた急進主義者らとの交流を通して、フランスの無政府主義者ヴィクトル・ジャクラールと出会う。2人は、マルクスの指導によって設立された第1インターナショナルに入団。1867年に結婚した。

アンナとヴィクトルはパリに移り、パリ・コミューンに参加する。アンナはルイーズ・ミシェル、ポール・マンク、アンドレ・レオらとともに、女性の権利のために

MANUELA SÁENZ

ANITA GARIBALDI

非宗教の教育施設、救急サービス、労働組合の設立を目指して活動していく。パリにあるロシア大使館の書記官は、彼女のことを「ペトロルーズ（石油女）」（当時のパリでは、パリ・コミューン下で放火をしたとされる女性たちをこう呼んだ）などと形容していた。

　コミューン崩壊後、実刑を免れた夫妻はスイスからロンドンへ移り、カール・マルクスに保護される。1874年、アンナはヴィクトルとともにロシアに帰国し、ジャーナリストとして落ち着いた日々を送りながら、ドストエフスキーの翻訳の手伝いなどもした。ドストエフスキーの作品『白痴』に登場するアグラーヤ・イワーノヴナ・エ

パンチナは、アンナがモデルだとも言われている。

　アンナと妹**ソフィア**の人生は強く結びついている。ソフィアも輝かしい人生を送ったが、彼女が情熱を傾けたのは数学だった。若かりし頃の姉妹は一緒に過ごすことが多く、ソフィアは、アンナがドストエフスキーのプロポーズを断ったことも知っていた。異なる地で暮らすようになっても、ソフィアは、コミューンでの抗戦に身を投じる姉を助けるためにパリに駆けつけ、ヴィクトルの命を救ったこともあった。

パリ・コミューンの支持者として、**ルイーズ・ミシェル**とともに戦った

LOUISE MICHEL

SOFIA KOVALEVSKAYA

ソフィア・コワレフスカヤ

数学者
1850–1891
ロシア

教育を受けたいと熱望したソフィアは、子どもの頃からその優秀さを示していた。子ども部屋の壁には、父親が使っていた微積分学の教科書の紙が貼られていたのだが、彼女はそれによって数学に目覚め、14歳のときにはすでに三角関数の概念を自力で理解していた。

ソフィアは大学進学を望んでいたが、女性を受け入れる大学は最も近くてもヨーロッパにしかなかった。女性が1人で外国に行くことも禁止されていたのだ。そこで彼女は、友人の古生物学者ウラディミール・コワレフスキーと偽装結婚し、ドイツのハイデルベルクへ向かう。

ハイデルベルクで優秀な成績を収めると、ベルリンに移り、3編の論文を発表。そのうち偏微分方程式についての論文は、とりわけ革新的な内容であった。そんな偉業を達成したにもかかわらず、働き口を見つけることができなかったため、夫妻はロシアに帰国する。同年、2人は思いがけず偽装結婚から恋愛関係に発展し、子を授かった。ソフィアの数学への情熱はややおさまり、代わりに文学に傾倒して、評論や小説、戯曲や科学にまつわる記事などを執筆していたが、その後、再び数学への情熱を取り戻し、職を求めてベルリンへ向かう。

その後ソフィアは1人で生活していたが、夫が事業に失敗して自殺したことを知る。大きなショックを受けた彼女は悲しみにそまった。しかし、より一層研究に没頭し、素晴らしい結果を出した。ストックホルム大学で終身職の教授になり、学術雑誌の編集委員や科学アカデミーの会長を務め、小説や戯曲を発表したりもした。また姉ア

ンナの死に意気消沈しながらも、彼女にとっての「個人的で偉大な達成」となる「固定点を中心とする剛体の回転運動について」という論文を発表。この論文で彼女は栄誉ある賞を受賞し、研究者としてのピークを迎えた。マクシム・コヴァレフスキーと恋人同士の仲になったものの、ともに仕事が忙しすぎて同じ国に住むこともなかった。1891年に他界。世界は偉大なる数学者を失ったのだった。

ハイデルベルクに暮らしていた19歳のソフィアは、夫とともにロンドンを訪れている。夫がチャールズ・ダーウィンやトマス・ハクスリーらと会っている間、ソフィアは**ジョージ・エリオット**が主催する華々しいサロンに出席していた。ソフィアはジョージに惹かれ、彼女について「あんなに柔らかで、落ち着いた声は聞いたことがない。素晴らしい女性だ。本物のジョージ・エリオットは想像していたよりもずっと素敵だった」と述べている。またジョージもソフィアに対して良い印象を抱いたようで、当時手がけていた『ミドルマーチ』には、「要するに、女というものが一つの問題なのだ、それに対してブルック氏はどう考えていいかわからないとすれば、この問題は、いびつな物体の回転のように、複雑でわかりにくいものにちがいないのだ」(『ミドルマーチ』工藤好美・淀川郁子訳、講談社より)という彼女の文章にそぐわない一文が挿入されている。これは、ソフィアの専門としていた領域だった。

GEORGE ELIOT

ジョージ・エリオット

作家
1819-1880
イギリス

傑作小説を数多く残したイギリス人作家ジョージ・エリオットは、タブーを恐れず、自由奔放に生きた。容貌について「醜い」と形容されることが多く、彼女の作品を称えつつ容姿をけなす作家もいたが、聡明で寛容な人物として知られていた。この「美しくない」ということが、彼女に輝かしい旅路を歩ませたのかもしれない。

本名をメアリー・アン・エヴァンズといい、イングランドのウォリックシャー州で生まれ育った。父親は、器量が良くない娘が金持ちと結婚することはないと考え、世の女性たちよりも良い教育を与える義務があると感じていた。

10代半ばで母親が死去し、メアリーは父親の仕事を手伝うために退学。30歳まで自宅で独学を続けた。また進歩的な思想家らと親しくなったことで、彼女の宗教観は激しく揺さぶられる。

父親の死後、彼女はロンドンに渡った。リベラルな評論誌で編集者補佐として働き始め、哲学者ジョージ・ヘンリー・ルイスと出会って、大恋愛を経験する。ジョージは妻子ある身だったが、オープンマリッジ（夫婦相互の合意のもと、婚外交渉が認められていること）を実践していた。法的な問題から妻と離婚することはできなかったが、メアリーとジョージは夫婦のような関係を築いていた。

1857年、メアリーは最初の小説『牧師館物語』を出版。この驚くほどにリアリスティックな作品を、彼女はジョージ・エリオットという男性名で発表している。当初、そんな彼女の型にはまらない生き方は上流階級に受け入れられなかったが、徐々に認められていった。その後も『フロス河の水車場』『ミドルマーチ』などが発表されている。

1878年、歳をとって心身も衰えたジョージ・ヘンリー・

ルイスがこの世を去った。そのすぐ後、メアリーは20歳年下のジョン・クロスと結婚する。やがて61歳で没すると、ハイゲイト墓地にジョージと並んで埋葬された。

　メアリーはロンドンの進歩的なヴィクトリア朝社会に属していた。サロンが開かれ、急進的な議論が交わされ、論文や小説などが出版されていた。その同じ輪の中に、不屈の精神を持ち、フェミニストでもある医師の**エリザベス・ギャレット＝アンダーソン**もいた。エリザベスが診療所を開業したときには、メアリーは2ギニーの支援金を送っている。

QUEEN VICTORIA

ヴィクトリア女王からもサインをねだられた

VIRGINIA WOOLF

ジョージ・エリオットは、後世の*ヴァージニア・ウルフ*から称賛を受けている

GEORGE ELIOT

SYLVIA PANKHURST

EMMELINE PANKHURST

パンクハースト母娘も女性参政権運動で活躍した

ELIZABETH GARRETT ANDERSON

エリザベス・ギャレット=アンダーソン

医師
1836-1917
イギリス

　イギリス最初の女性医師エリザベス・ギャレット=アンダーソンは、聡明で意志が強く、慈悲深い人物であった。あらゆる人間が医学教育を受けられるようにすべきだという信念のもと、その世界の閉ざされていた扉を叩き壊して、女性たちに開放した。

　ロンドンのイーストエンドに生まれ、サフォークで育ったエリザベスは、良い教育を受けていた。しかし、科学と数学が十分ではなかったと、エリザベスは当時をふりかえって批判している。世界初の女性医師で、アメリカで働くエリザベス・ブラックウェルを師と仰ぎ、彼女のロンドンでの会合にも出席。刺激を受けたエリザベスは医師になることを決意する。それは人生の転機であった。

　エリザベスと妹ミリセントは、女性参政権運動家のエミリー・デイヴィスと友人だった。1860年、よもやま話をしていた3人は、それぞれ違った方法で女性の地位向上を目指すことを決心する。エリザベスは医師の道を切り開き、エミリーは女性の高等教育を支援し、ミリセントは国民選挙の実現に尽力することにしたのだ。実際に彼女たちの活動は成功を収めている。エミリーはケンブリッジ大学のガートン・カレッジを設立し、ミリセントは——結婚してフォーセットの姓で——女性参政権運動の主要組織を率いた。

　一方のエリザベスは、父親の支援を受けてロンドンに移住。女性であるがゆえにあらゆる医科大学に入学を拒否されたため、ミドルセックス病院で看護師として働き、研修機会を得る。一緒に講義を受けることを嫌がる男子研修生もおり、その場から叩き出されることもあった。

　薬剤師協会だけが女性の試験を禁止していないことに目をつけたエリザベスは、薬剤師資格の取得に成功する。しかし1865年にエリザベスが薬剤師試験に合格した後、同協会は規約を変更し、女性の受験を認めない措置をとった。

　1866年、エリザベスは「聖メアリー女性診療所」を開設し、コレラ患者も大勢受け入れた。同時にフランス語を独学で習得し、パリの大学で医学の学位を取得。1872年に診療所を「女性と子どものための新病院」と改名し、ブラックウェルに産婦人科の教授を務めてもらった。1874年、イギリス初の女子医学校「ロンドン女子医学校」を設立して、当初の目標を達成している。1902年には夫と子どもとともにサフォーク州オールドバラに移り、イギリス初の女性市長に就任。没後「女性と子どものための新病院」は「エリザベス・ギャレット=アンダーソン病院」と改名された。

　医学を学べる学校を必死に探していたとき、エリザベスはエミリー・デイヴィスとともに、「ロンドン大学は女性への制限を撤廃すべきだ」と訴えた。2人は、自由党のウィリアム・グラッドストンや、稀代の数学者**メアリー・サマヴィル**など、社会的影響力を持つ人物にも手紙を送って協力を仰ぎ、メアリーはエリザベスを支援するとの返事をよこした。ジョン・スチュアート・ミルが選挙制度改革を訴えた際、エリザベスとメアリーは、ともに賛同者として署名を寄せている。科学や数学の分野で先駆者になったこの2人の女性は、後に続く女性たちのためにその道を整えた。

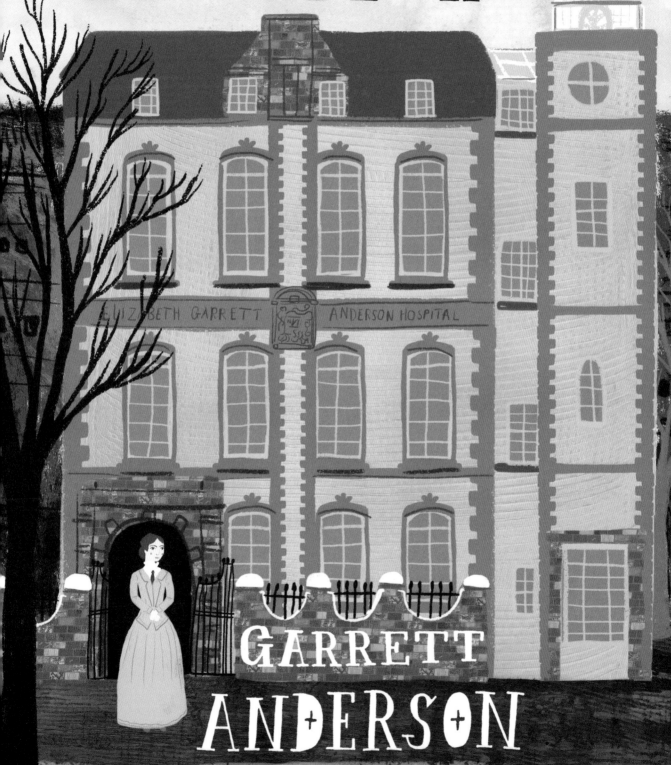

ELIZABETH

ELIZABETH GARRETT ANDERSON HOSPITAL

GARRETT
ANDERSON

MARY

SOMERVILLE

メアリーが翻訳・解説した『天体力学』は、ナイチンゲールにも大きな刺激を与えた

FLORENCE NIGHTINGALE

MARY SOMERVILLE

メアリー・サマヴィル

科学者
1780-1872
イギリス

「19世紀科学の女王」と呼ばれたメアリー・サマヴィルは、数学、天文学、地理学、物理学にまつわる幅広く異なる分野にわたって、そのアイデア、理論に刺激を与える「錬金術」のような才能があった。思考を飛躍させて、科学の発展に大きく寄与した。英語の「scientist（科学者）」という単語は、メアリーのために作られたものでもある。あらゆる分野に精通する彼女を「man of science（科学の人〔＝男〕）」と呼ぶのは、なんだかおかしかったからだ。

イギリスのスコットランドに生まれたメアリーは、特別な教育を受けたわけではない。ヴィクトリア朝の一般的な少女が学ぶ裁縫、簡単な算術、基本レベルのフランス語などを習っただけだった。しかし、女性誌に載っていたパズルを目にして数学に関心を抱き、絵の家庭教師から透視図法を教わった際に、幾何学の存在を知った。

こっそりと勉学に励んだメアリーは、数学、天文学、物理学について理解を深めていく。遠縁の親戚にあたる男性と結婚したが、夫は女性が教育を受けることに理解がなかったため、自由に勉強できなくなってしまう。しかし夫が亡くなると、その遺産のおかげで生活が安定し、勉学に没頭することができた。2人目の夫ウィリアム・

サマヴィル博士は、学問に情熱を傾ける妻を大いに応援した。夫婦は授かった4人の子どもを育てながら、科学界でその名を知られるようになっていく。

1835年、メアリーは友人のカロリン・ハーシェルとともに、王立天文学会に初の女性会員として受け入れられ、その優れた科学的才能も広く認められるようになる。彼女の論文は明瞭でわかりやすく、生き生きとした言葉で書かれていた。これは、数学や物理の世界では大変珍しいことだった。また、その正確な予想は、海王星の発見にもつながっている。

メアリーは科学に対する情熱という才能だけでなく、驚くべき科学理論を一般の人にわかりやすく伝える才能も持っており、多くの人が彼女の教えから好奇心を刺激された。その中には、後に世界的な数学者となる**エイダ・ラブレス**もいた。2人は良き友人同士でもあり、エイダは日記に「今夜は友人のサマヴィルさんと出かける。演奏会に連れていってくれるそうで、音楽好きの私が断れるはずがない」とも書いている。際立った美しさを誇るエイダと、魅力的なメアリーが数学について熱心に話し込み、夜通し笑い合う。素晴らしい場面だったに違いない。

39

ジョーン・クラークもプログラミングのパイオニアとして知られている

ADA LOVELACE
エイダ・ラブレス

数学者
1815-1852
イギリス

エイダ・ラブレスは、詩人のバイロン卿と数学愛好者のアナベラ・ミルバンクの短くも熱い結婚生活から生まれ、両親のそれぞれから受け継いだかっとなりやすい性格をしていた。エイダが精神的に不安定な夫に似てしまうことを恐れた母アナベラは、娘を熱心に教育し、数学と科学の基礎知識のみを学ばせることに固執し、ほかの教科は排除した。幸運なことに、エイダは勉強が好きな子どもだった。暇なときは産業革命の新しい技術について、調べたり落書きしたりして何時間か過ごした

10代の頃、エイダは数学者チャールズ・バベッジと出会う。彼こそ、階差機関や解析機関研究によって初期の機械式自動計算機を発明し、後に「コンピュータの父」と呼ばれた人物だ。ともに激しい気性を持つ2人は、すぐに親しくなった。チャールズは、自分の仕事を即時に理解する若きエイダに惹かれ、彼女を「数学の魔女」と呼ぶようになる。ちなみに2人は、「19世紀最悪のファッションセンスの持ち主」としても知られていた。

19歳のとき、エイダはウィリアム・キングと出会い、結婚。そして同じ年に、師メアリー・サマヴィルとの出会いも果たしている。ちなみに夫は1838年にラブレス伯爵の地位を受け継いだ。

さらにエイダは、イタリア語で書かれたバベッジの解析機関に関する論文を英訳し、発明について独自の考察や理論などの注釈も付け加えた。その注釈には、世界初のコンピュータ・プログラムとされるコードも書かれている。エイダの偉大さは、それまでとはまったく異なる解析機関の使い方を考え出した点にある。彼女は、計算だけでなく、記号表現や音楽など、数字にとどまらない広い世界のことまでプログラムできると考えた。その詩的な発想から、「機械にはもっと創造的で、広い分野に影響を及ぼす使われ方があるはずだ」と考えたのだった。

だが不幸にも、エイダの体は病魔に侵されていく。電気実験や神経系の解析などに関心を寄せながらも、健康上の問題を酒とアヘンで癒やそうとしたため、意識が混濁するようになる。彼女には数学界での偉業を理解してくれる友人がほとんどおらず、ギャンブル依存におちていくのを止めてくれる友人もいなかった。

エイダの死について、友人フローレンス・ナイチンゲールはこう述べている。「あれほどに素晴らしく、バイタリティーあふれる頭脳だったからこそ、彼女はあそこまで生きられたのかもしれません」。

FLORENCE NIGHTINGALE
フローレンス・ナイチンゲール

看護師／1820-1910　イギリス

「ランプの貴婦人」として知られるフローレンス・ナイチンゲールだが、その功績は多岐にわたる。近代看護の確立者であっただけでなく、「鶏のとさか」とも呼ばれる円グラフの形式を考案し、数字を用いて政策実現を図った優秀な統計学者でもある。またイギリス全体の医療制度を改善し、すべての女性の権利向上に貢献した社会改革者でもあった。

イタリアに生まれ、イングランドのダービーシャー州で育ったフローレンスは、イギリス上流階級の生活を送り、父親から一流の教育を施された。18歳のとき、家族でのヨーロッパ旅行中に、パリでフェミニズムに触れる。

フローレンスは神の啓示を受けたと信じていた。そして、それは看護の道であった。結婚を拒否し、両親を説得してドイツのデュッセルドルフで看護を学び、33歳でロンドンの女性家庭教師のための病院の最高責任者となった。

1854年にクリミア戦争が勃発すると、旧知の仲である陸軍大臣シドニー・ハーバートから従軍を依頼され、38名の看護団を率いて戦地に赴いた。トルコのスクタリにある野戦病院で、フローレンスらはすさまじい光景を目の当たりにする。医療品や食料は不足し、ひどい衛生状態で、感染症も蔓延していた。ここで彼女は大切なことを学ぶ。衛生、換気、栄養が人の命を救うということだ。帰国後には、病院や労働者階級の家の衛生改革に取り組んだ。

戦地での活躍で得た名声のおかげで、フローレンスは大きな影響力をもち、保健衛生の改革を推し進める。看護についての手引書を発表し、看護学校を設立。看護師を育成し、救貧院に派遣もした。南北戦争の際には、戦場での救護活動についてアメリカ陸軍省からアドバイスを求められている。

　フローレンスと医師のエリザベス・ブラックウェルには、いくつかの共通点がある。ともに非国教徒で、奴隷廃止を主張する家に生まれ、「女性の決められた生き方を変えるためには医療を改善すべきだ」との信念を持っていた。1850年に出会った2人はすぐに意気投合し、フローレンスは女性初の医学博士であるエリザベスに敬意を抱いた。

　1859年、フローレンスはエリザベスに、新たに設立する看護学校の校長に就任するよう打診している。しかしエリザベスは、女性こそ医師になるべきだと主張し、断った。そんな考え方の違いがありながらも、フローレンスは、エリザベスの名をイギリスの医師登記簿に載せるよう医学評議会の会長に働きかけた。

ELIZABETH GARRETT ANDERSON

エリザベス・ギャレット=アンダーソンによる「女性と子どものための新病院」で

フローレンスは公衆衛生のアドバイザーを務めた

FLORENCE NIGHTINGALE

ELIZABETH GARRETT ANDERSON

エリザベス・ギャレット=アンダーソンは、エリザベス・ブラックウェルを師と仰いでいた

ジョージ・エリオットは、エリザベス・ブラックウェルに祝意と友情をしたためた手紙を送っている

GEORGE ELIOT

ELIZABETH BLACKWELL
エリザベス・ブラックウェル

医師／1821-1910　イギリス

　イギリスのブリストルに生まれたエリザベス・ブラックウェルは、11歳のときに家族でアメリカに移り住んだ。奴隷制廃止論者であった父親が死亡すると、17歳のエリザベスは家計を支えるために学校で教師として働き始める。しかし、親しい友人が、「"女性のお医者さん"に診てもらえていたら助かったかもしれない」と言い残して他界したことをきっかけに、医師を志すようになる。

　フィラデルフィア州の主要な医学校からは入学を断られたが、ニューヨーク州北西部にあるジェネヴァ医学校に受け入れられる。学生集会が開かれ、満場一致で彼女の入学が認められたのだ。生徒からは受け入れられても、街では奇異の目を向けられることも多かった。

　1849年、エリザベスはアメリカで初めて医学学位を取得した女性となった。さらに医学を学ぶべくパリに渡り、ラ・マテルニテ産科病院で助産師見習いとして働いたが、同年、乳児の目の洗浄中に、化膿性眼炎に感染。片眼を失明し、外科医としての道が閉ざされてしまう。

　ニューヨークに戻ったエリザベスは、「貧しい女性と子どものためのニューヨーク診療所」を開設する。南北戦争時には、ここで北軍のための看護師を養成した。また、

彼女はアイルランド系の孤児キティ・バリーを養子として迎えてもいる。キティは家事を担い、エリザベスが死ぬまで付き添った。

　ニューヨークで女子医学校を開校したエリザベスは、ロンドンでも同じ目標を達成している。1874年に、エリザベス・ギャレット=アンダーソン、ソフィア・ジェクス=ブレークらとともにロンドン女子医学校を設立したのだ。

　その3年後、医学から退いたエリザベスは、今度は社会改革に力を入れるようになる。敬虔なクエーカー教徒だったエリザベスは、宗教的な考え方を活動にも反映させていた。強情で気難しい性格だと言う人もいたが、そのような性格だったからこそ、彼女は医療界で目覚ましい活躍ができたのだ。

　また、奴隷解放運動との関わりも、彼女の人生に影響を与えた。エリザベスの弟ヘンリーの妻ルーシー・ストーンは、奴隷制廃止論者であると同時に女性参政権論者でもある。ルーシーは草創期から運動に携わり、女性参政権運動の指導者の1人、**スーザン・B・アンソニー**に直接刺激を与えた存在だとも言われている。

ソジャーナ・トゥルースの同志であり、友人でもあった

アメリカの女性参政権獲得のために現実的でたゆまぬ努力をしたスーザン・B・アンソニーは、人として守るべきモラルの指針を高く掲げて社会改革に邁進した。

クエーカー教徒の家庭に生まれ、熱心な活動家に成長したスーザンとその兄弟は、奴隷制廃止論者である父親の影響を受けて、公民権運動にも加わっていく。教師として働きながら家計を支えていたスーザンは、最初のうち、父親が黎明期（れいめいき）の女性参政権運動を支持していることがこそばゆく感じられた。後に、彼女はこう語っている。

「私には投票する準備ができていなかったし、投票するつもりもなかった。でも同じ労働内容に対して、同じ賃金を望んでいた」。しかし、それから何年もしないうちに、彼女は改革論者や街頭演説家としての活動に専念するようになる。

根気強い活動家であったスーザンは、禁酒運動を経て、女性の参政権、奴隷解放運動に傾倒していく。どんなに過酷な状況でも署名を集めるために路上に立ち続け、奴隷解放集会に怒れる群衆が詰めかけてきても、勇敢に立ち向かった。卵を投げつけられても銃やナイフで脅されても耐え、彼女をかたどった人形が街中で引きずりまわされても恐れることがなかった。

SUSAN B. ANTHONY

スーザン・B・アンソニー

社会活動家／1820-1906　アメリカ

　女性参政権運動は分裂するが、南北戦争が終わる頃には、スーザンはベテランの政治家として知られるようになり、演説家として必要とされる人物となっていた。その不屈の活動のおかげで女性参政権を認める州が徐々に増えていった。1872年の選挙時には、彼女は50人もの女性とともに、ニューヨーク州の地元ロチェスターの投票所で投票を試みた。うち15名は投票用紙に記入することができたが、スーザンは逮捕され、裁判にかけられる。このときのスーザンの言葉は、今でも名演説として語り継がれている。有罪判決を受け、100ドルの罰金刑を言い渡されるも、彼女は支払わなかった。

　彼女の活動は、その後もとどまることを知らなかった。国際的に遊説し、「国際女性参政権同盟」なども設立した。

高齢になってもそのエネルギーは衰えることなく、75歳のときにはラバに乗ってヨセミテ国立公園を散策したほどだった。1日に3度の演説を行い、80歳の誕生日はホワイトハウスで祝った。アメリカで完全に女性の参政権が認められたのは1920年で、このときの憲法修正条項は「スーザン・B・アンソニー修正」とも呼ばれている。

　奴隷解放運動を通じて、スーザンはまったく違った環境で生まれ育った人物に出会っている——**ハリエット・タブマン**だ。2人はロチェスターで演説を行い、奴隷の逃亡を手助けする組織「地下鉄道」（タブマンが「車掌」を務めた）で活動をともにしたこともある。互いに深い敬意を抱き合い、スーザンはハリエットのことを「最も素晴らしい女性」と呼んだ。

オプラ・ウィンフリーにも影響を与えたという

OPRAH WINFREY

ヴィクトリア女王からシルバーメダルを授与された

QUEEN VICTORIA

HARRIET TUBMAN

ハリエット・タブマン

奴隷解放活動家、女性解放運動家／1820頃-1913　アメリカ

「モーセ」や「タブマン将軍」と呼ばれ、奴隷解放を指揮したハリエット・タブマン。黒人解放の闘いにおける象徴的な存在だ。

ハリエットはメリーランド州の農園で奴隷として生まれる。アラミンタ・ロスという名だったが、自由を得た際に母親の名ハリエットを自身につけた。奴隷として何年も苦しみながら、自分よりも虐げられた人々のために立ち上がった。子どもの頃、怒った奴隷監視人が別の奴隷に向かって投げた鉛のおもりが頭に当たって、大怪我を負っている。奇跡的に一命はとりとめたが、痛みとナルコレプシーという睡眠障害の一種に生涯悩まされた。これがもとで、彼女が神からのお告げと信じる超現実的なヴィジョンを見るようになったという。

病と、その病が原因で売られるのではないかという不安に苛まれたハリエットは、隠れ家のネットワークと「地下鉄道」と呼ばれる秘密のルートを使って農園から逃げ出した。フィラデルフィアに拠点を構えると、今度は家族を救出しに南部へ戻り、その後も多くの奴隷を解放するために何度も往復している。逃亡は日が暮れてから行われ、日中は納屋や教会の床下、洞穴などに身を潜め、賞金稼ぎや連邦保安官をやり過ごした。ハリエットは黒人霊歌『行け、モーセ（Go Down Moses）』を様々な速さで歌うことで、状況が安全かどうか伝えていた。

正式な教育を受けていないハリエットだったが、力強い言葉で聴衆の心をつかむ名演説家であった。経験を生かした実践性が、さらに大きな効果を生んでいた。恐れ知らずで情熱的なハリエットは、奴隷という最も低いとされる立場から、世界的に知られた活動家にまでのぼりつめたのだ。

南北戦争を奴隷制度を終わらせる好機と捉えたハリエットは、調理師や看護師として働きながらスパイや武装偵察としても活躍。700名以上の奴隷を脱走させた急襲の手引きもしている。終戦後に2度目の結婚をし、女児を養子に迎えて、ガーティと名づけた。

晩年のハリエットは、ニューヨーク州オーバーンに暮らし、救出した両親の介護をしながら、女性参政権のための活動を続けた。1913年、家族と友人らに「あなたたちの場所を用意しに行ってくる」と言い残して、この世を去った。

奴隷解放運動を闘った人物として**ソジャーナ・トゥルース**がいる。ハリエットと同じく元奴隷であったが、その闘い方はまったく違っていた。実践的で攻撃的なハリエットが、身を危険にさらして奴隷の逃亡を後押ししたのに対し、ソジャーナは言葉を用い、大衆に語りかけて事態を動かした。同じ目的のために闘った同志と言えるだろうが、2人は1864年にマサチューセッツ州ボストンで一度会ったきりだった。

harriet
TUBMAN

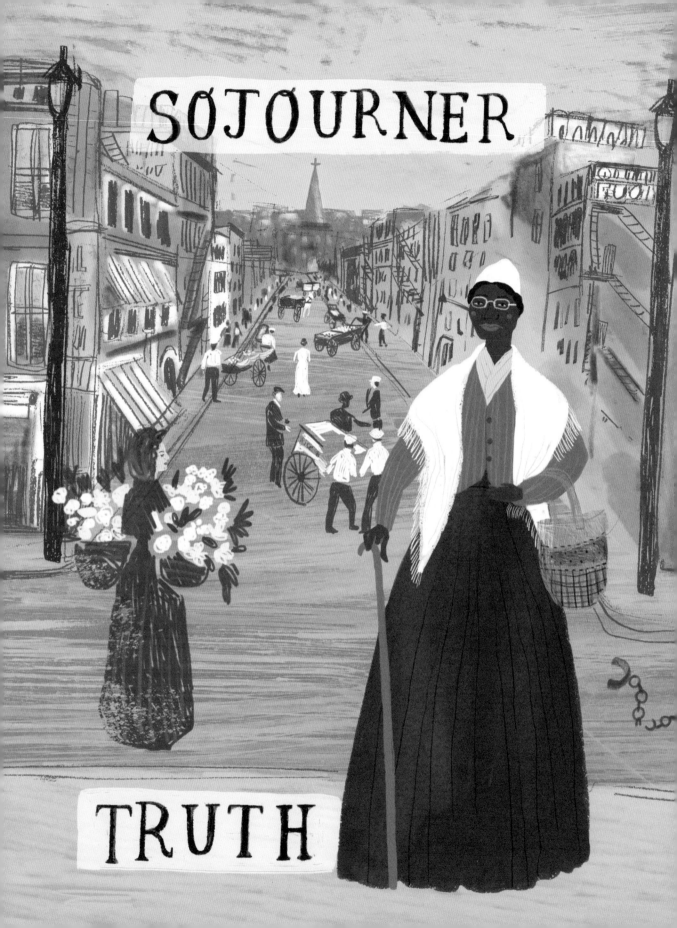

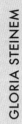

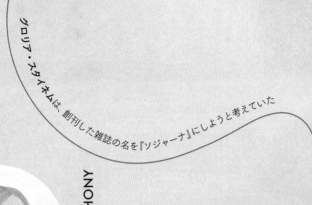

グロリア・スタイネムは、創刊した雑誌の名を『ソジャーナ』にしようと考えていた

SUSAN B. ANTHONY

スーザン・B・アンソニーは友人だ

SOJOURNER TRUTH
ソジャーナ・トゥルース

| 奴隷解放活動家 |
| 1797頃-1883 |
| アメリカ |

　女性の真の解放とは、肌の色に関係なく、すべての人の声が聞かれることだ——演説と行動を通じてそう訴えたソジャーナ・トゥルースこそ、「インターセクショナル・フェミニズムの母」と呼ぶことができそうだ。風刺や皮肉を織り交ぜ、聴衆の心に訴えかける演説家としても知られている。

　ニューヨーク州で奴隷として生まれ、イザベラ・ボームフリーと名づけられる。奴隷として3度売られた後に逃亡。そのとき、生まれたばかりの娘だけを連れ、残りの子どもは置いていかなければならなかった。その後、5歳の息子ピーターが違法に売買されたことを知ったイザベラは、息子を転売しようとした白人男性を相手に訴訟を起こして勝訴する。これは当時では考えられないことだった。

　キリスト教に入信し、ニューヨークシティで暮らし始めたイザベラは、巡回宣教師として旅をする中で、優れた話術を身につけていった。このときに、名前をソジャーナ（たえず先に進んでいく人）・トゥルース（真実）に改名している。また奴隷解放運動家ウィリアム・ロイド・ガリソンとフレデリック・ダグラスに出会い、奴隷廃止の演説を行うように勧められた。口述による自伝を刊行し、当時盛んだった女性の権利運動に傾倒していく。

　1851年の「私は女ではないの？」という演説はとくに有名だ。「女性」という言葉は「白人女性」だけを指していると指摘し、黒人女性の解放はすべての人間の解放と同じほど重要だ、と主張した。

　ローザ・パークスに先立つこと90年。1865年には、人種差別撤廃を掲げて、ワシントンを走る白人専用の路面電車に乗車を試みる。ソジャーナはひじを脱臼しながらも、目的を達成した。元奴隷たちに新たな土地を与えるように議会を説得しようともしたが、こちらは失敗に終わっている。

　年老いて声が出なくなるまで、ソジャーナは死刑などについても熱心に演説を続けていた。『アンクル・トムの小屋』の作家ハリエット・ビーチャー・ストウを訪ねたこともある。ハリエット主催の会には、聖職者や奴隷解放運動者などが集まっていたのだ。ハリエットはソジャーナについて、「南部生まれで率直な物言いをする、冷静な女性だ」と記録しているが、これはソジャーナを素朴な南部の人というステレオタイプに当てはめたと批判されている。ソジャーナは実際にはニューヨーク生まれの切れ者であったのだ。ハリエットは「彼女ほど、静かで捉えにくい存在感を持つ女性には会ったことがない」とも書いている。

ハリエット・ビーチャー・ストウ

作家／1811-1896　アメリカ

　アメリカ全土で大きな反響を呼び、南北戦争に突入するきっかけを作った『アンクル・トムの小屋』。作者ハリエット・ビーチャー・ストウは、奴隷制度に対する怒りを作品に込め、制度廃止に取り組んだ。

　カルヴァン主義の思想を持つ奴隷解放運動家の親のもとに生まれたハリエットは、10人の兄弟姉妹とともに、世の役に立つように教育を受けて育った。7人の兄弟は全員が聖職につき、姉妹たちは理想のために生き、偏見と闘う姿勢を身につけた。ハリエットは、姉キャサリンが開いた学問に力を入れる女学校に通っていた。

　21歳のときに父とオハイオ州シンシナティに引っ越し

たハリエットは、将来夫になる男性と出会い、進歩的な考えを持つ人々と交流していく。その中には「地下鉄道」のメンバーもいた。そして彼女は、この地で執筆活動を開始する。

　1850年に成立した逃亡奴隷法──奴隷逃亡を手助けした者が処罰される、奴隷所有者に有利な法律──に彼女は激怒する。そしてメイン州に引っ越し、6番目の幼い息子を亡くした悲しみを抱えながら、『アンクル・トムの小屋』を執筆。作品は、奴隷制反対を掲げる雑誌『ナショナル・イーラ』に連載されて話題となり、1852年に単行本として出版される。世界的に有名になり、19世

紀以降、聖書に次いで最も売れた本だとも言われている。

その影響は極めて大きく、奴隷制の悲惨さを広く知らしめた。南部の恐ろしい実態を知った北部の人々は、自分たちの無知に衝撃を受け、リンカーン大統領でさえ、ハリエットと会見している。南北戦争の終戦後もハリエットは執筆を続け、雑誌の編纂や運動を手がけた。

後年『アンクル・トムの小屋』の評価は否定的なものへと転じる。登場人物が従属的で子どもじみていたり、黒人の描き方がステレオタイプすぎると批判されたのだ。しかし近年になって作品は再評価され、奴隷解放の実現には欠かせなかった存在だと認識されている。

『アンクル・トムの小屋』の発売初日、ハリエットは作品をイギリスのアルバート公に送っている。イギリス王室は彼女のファンになり、ハリエットは渡英した際に**ヴィクトリア女王**と密会している。彼女を乗せた馬車が女王の前を通ったとき、2人はお互いへの尊敬をこめて、目を合わせて無言でうなずき合ったという。

EMMELINE PANKHURST

エメリン・パンクハーストとハリエットの両家族は、奴隷廃止運動でともに戦った

BEECHER STOWE

クリミア戦争に従軍した**フローレンス・ナイチンゲール**に、ブローチを贈っている

エイダ・ラブレスについて日記に書き残している

QUEEN VICTORIA
ヴィクトリア女王 | イギリス女王 1819-1901

女王アレクサンドリナ・ヴィクトリアは、厳格な倫理観、品位、礼節を備え、大英帝国とその支配を象徴する人物であった。当時地に落ちていた王室の信頼を回復させ、ヨーロッパ諸国とのつながりを政治面・王室面の両方から強化し、世界一の産業大国を目指す大英帝国を統治した。

幼年のヴィクトリアの生活は落ち着いていた。伯父が国王であり、彼女が王位を継承することはないと考えられていた頃のこと。母語のドイツ語はもちろん、幼い頃から英語も話せた。いたずら好きで、素直な性格だったとも伝えられている。10代になって父親と2人の伯父が他界し、ヴィクトリアが王位に就くことが確実になると、彼女を巡って水面下の権力争いが繰り広げられる。

最後の伯父の死により、18歳で女王に即位。従兄弟にあたるザクセン＝コーブルク＝ゴータ公子アルバート（アルバート公）と結婚する。数多の困難を乗り越えながら深く愛し合った2人の間には、9人の子どもが生まれた。

周囲の助言を受けながら、またたくまに政治を理解していったヴィクトリアは、国家の舵を取り、いくつもの難所を切り抜けていく。共和主義の盛り上がりに気づいていた彼女とアルバート公は、慈善活動や社会福祉の保護を推進。優れた外交手腕を発揮し、大衆へのアピール

のためにフランスやアイルランドも訪問している。科学技術が躍進し、鉄道と船が国内外の各地域をつないだことで、国力は高まった。カナダ、オーストラリア、インドとのつながりを強める一方で、アフリカ諸国の領土も併合していった。

42歳で最愛のアルバート公が死去すると、ヴィクトリアは悲嘆に暮れ、癒えない悲しみから、残りの39年の人生を喪服で過ごした。引き続き国家を牽引し、不安定なまつりごとをも巧みに統治しながらも、悲しみが心から去る日はなかった。

ヴィクトリアは音楽好きで、とくにオペラを好んだ。歌うことも好きで、ピアノの腕前も高かった。ベヒシュタイン製の黄金のピアノを持っていたことでも知られている。お気に入りの作曲家はフェリックス・メンデルスゾーンで、女王として彼を宮殿に招くほどだった。1842年、ヴィクトリアがお気に入りの歌曲『イタリア』を歌いたいと要求したところ、フェリックスは「その曲は自分が作ったものではない」と恥じ入りながら告白する——それは姉の**ファニー**が作曲したものだったのだ。フェリックスはその曲を演奏することで、ファニーに敬意を表していたともいう。女性には作曲の才能がないと考えられていた時代の話である。

ファニー・メンデルスゾーン

作曲家、ピアニスト／1805-1847　ドイツ

　近年、偉大な作曲家として見直されるようになったファニー・メンデルスゾーンは、不屈の努力と才能、そして夫の支えを受けて、複雑でそれまでにない新しい曲をいくつも作り上げた。

　ファニーと、後に作曲家となる弟フェリックスは、ドイツのハンブルクに生まれた。幼い頃から仲が良かった2人は、ともに音楽に熱中し、作曲について学んだ。ファニーは神童と呼ばれ、師カール・フリードリヒ・ツェルターからは「男のような演奏」とも評される。これは、

当時では最高のほめ言葉でもあった。14歳のときには、バッハの『前奏曲とフーガ』を暗譜して父親の誕生日に披露している。

　17歳のファニーは、画家ヴィルヘルム・ヘンゼルと出会う。ヴィルヘルムは彼女に一目惚れしたが、判断力や理解力がにぶく音楽の才能もなかったために、メンデルスゾーン家では笑い者になっていた。しかしフェリックスがヨーロッパにいる間に、ファニーのもとを訪れて求婚する。ヴィルヘルムはファニーの才能に感服しており、

彼女の家族もファニーが作曲を続けるという条件で結婚を許した。結婚すると、ヴィルヘルムは毎朝ファニーに真っ白な用紙を渡してから仕事に出かけ、帰宅してそこに書き込まれた作品を見ることを楽しみにしていた。

　徐々に自信をつけていったファニーは、内輪だけの演奏会を開いては作品を披露するようになる。1838年に公にデビューし、弟の作品を1曲演奏した。1846年には自身の名で『Op.1』を出版。しかしプロとしての活動が波に乗り始めた頃に、ファニーは心臓発作でこの世を去る。その1年後にはフェリックスも他界した。

　その後、彼女の作品は再評価され、1970年には長い間失われていた『イースターソナタ』の楽譜が、個人コレクションから発見された。かつてはフェリックスの作だとされていたが、今ではファニーのものとして演奏されている。

　フェリックスはファニーの音楽家としての自立に徹底的に反対したが、それは彼女が「女性」だからではなく、自身の「姉」だったからなのかもしれない。実際に彼は、ほかの女性の作曲家や演奏家の活躍を後押ししており、ピアニストで作曲家の**クララ・ヴィーク＝シューマン**ともよく一緒に演奏していた。クララはファニーとも仲が良く、彼女を「時代を代表する音楽の才能を間違いなく持っている」と称えている。

NINA SIMONE

CLARA WIECK SCHUMANN
クララ・ヴィーク=シューマン

作曲家、ピアニスト／1819-1896　ドイツ

ピアニスト、作曲家として天賦の才を誇ったクララ・ヴィーク=シューマン。しかし、夫のローベルト・シューマンを支えるために、自身の音楽活動は後回しにしなければならなかった。夫の心の病や、彼女自身のヨハネス・ブラームスやテオドール・キルヒナーといった作曲家たちとの恋愛関係は、メロドラマのようで、色鮮やかな人生は、高らかな弦の音色と激しく刻む低音に包まれていた。

ドイツのライプツィヒに生まれた彼女は、歌手の母とピアノ教師の父フリードリヒ・ヴィークが離婚すると、父のもとで暮らし、音楽の英才教育を受けた。11歳のときにはピアニストとしてヨーロッパ中を演奏旅行し、ゲーテやパガニーニといった有名人から称賛を受けた。18歳になる頃には、ショパンやリストからも評価されている。

クララが9歳の頃から、ローベルト・シューマンは、ヴィーク家に住み込みで音楽修行を受けていた。そして18歳になったクララに求婚したが、フリードリヒはこれに猛反対。2人の仲を引き裂こうとクララをドレスデンへ送り、ローベルトを家から追い出し、大急ぎでクララの演奏旅行を手配した。クララとローベルトは手紙のやりとりを続け、結婚許可を求める裁判を起こして勝訴する。2人はクララが21歳になる1日前に結婚し、その後8人の子どもを授かった。

娘が音楽家として成功することを熱望していたフリードリヒと違い、ローベルトはクララの音楽活動を熱心に支えなかった。確かに、彼が妻の作曲を励まし、出版の後押しをすることはあったが、夫婦の間では常にローベルトの仕事が優先され、クララは後回しにされていた。2人はヴァイオリニストのヨーゼフ・ヨアヒムとピアニストのヨハネス・ブラームスとも親交を結んでいる。クララはブラームスの初演を行い、恋仲だったとも言われている。ブラームスはクララに宛てた手紙の中で「あなたが私にかけた魔法を解いてもらえないのですか？」と哀願している。またクララは、ブラームスの親友である作曲家テオドール・キルヒナーとも恋愛関係にあったとされている。一方、ローベルトは精神的に不安定なところがあり、ライン川で投身自殺をはかって療養所に入ってしまう。クララはメンデルスゾーン、ブラームス、オペラ歌手ジェニー・リンドといった友人を頼るようになり、37歳で夫を亡くしてからも友に支えられていた。

1870年代、クララの存命中に作品が再び評価されるようになる。ローベルトの死後、演奏旅行を再開させ、1878年にはフランクフルト・ホッホ音楽院の主任教授に就任する。1896年、フランクフルトで他界した。

ローベルトの暗く波乱に満ちた人生、クララの複雑にもつれた恋愛関係や情事は魅力的なストーリーに仕立てられ、1947年に映画『愛の調べ』が作られた。ポール・ヘンリードがローベルトを、**キャサリン・ヘプバーン**がクララを演じた。キャサリンは役作りのためにピアノを習ったが、作品自体は興行的に振るわなかった。当時、ハリウッドに対して反共産運動が起こっており、キャサリンがその対象になっていたこともひとつの原因と言われている。

キャサリン・ヘプバーン

俳優／1907-2003　アメリカ

　負けん気が強く、辛辣（しんらつ）。キャサリン・ヘプバーンの威勢の良い性格は、ハリウッドに飼い慣らされることはなかった。皮肉屋だが寛大で、友情に厚い。知性とユーモアを併せ持ち、80年以上にわたって観客を魅了し続けてきた。パンツスーツがとてもよく似合う女性だった。

　キャサリンは女性参政権論者の母と医師の父を持ち、にぎやかな子ども時代を送る。デモに参加し、川で泳ぎ、様々なスポーツを楽しんだ。しかし仲の良かった兄の自殺が、彼女の人生を暗転させた。兄の首つり遺体を発見したことを契機に、彼女は過剰な心配や感情を軽んじる性格になった。

　その後、キャサリンはブリンマー大学で歴史と心理学を学びながら、舞台演劇の道に足を踏み入れていく。舞台こそが、彼女の輝ける場所であった。勝気な性格であ

ったため、監督の指示を素直に聞くわけではなかったが、それゆえに堂々とした演技を見せた。ジョン・バリモア主演の『愛の嗚咽』で映画デビューを果たして名を馳せると、3作目『勝利の朝』でアカデミー主演女優賞を初受賞。ちなみに、キャサリンは生涯で4回、オスカーに輝いている。その後しばらくはヒット作に恵まれず、「ボックス・オフィス・ポイズン（客の取れないスター）」とも言われたが、出演した舞台『フィラデルフィア物語』の映画化の権利を買い取り、これを大ヒットさせた。

　中絶合法化に賛成で無神論者、確固としたリベラルな立場をとったが、その傾向は彼女が演じた役からもうかがえる。『若草物語』のジョー、『赤ちゃん教育』のスーザン、『フィラデルフィア物語』のトレイシー・ロードなど、強く、ウィットに富みつつ、人情味のある役を演じ

るvことが多かった。『アフリカの女王』『招かれざる客』『黄昏』といった映画史に残る傑作にも主演する一方で、ハリウッドに吹き荒れた共産主義排斥の嵐に巻き込まれる。彼女は、避妊などのバースコントロールと中絶の権利の必要性も主張し続けた。

　21歳のときに、株式仲買人をしていた男性と結婚したが、ともに自由を求めて6年後に円満離婚。そんなキャサリンの奔放な私生活は多くの憶測を呼んだ。バイセクシャルではないかとも見られていたが、何人もの著名な男性と付き合っていた。ハワード・ヒューズ、ジョン・フォード、最も有名なのがスペンサー・トレイシーとの関係で、26年もともに過ごした。

　キャサリンは96歳で、コネティカットの大切な家族の家で息をひきとった。

　1943年公開のプロパガンダ映画『Stage Door Canteen』にもキャサリンは出演している。ニューヨークのナイトクラブで、アメリカの俳優たちが兵士たちを楽しませる内容で、キャサリンも本人役で登場した。ハーポ・マルクス、タルラー・バンクヘッド、グレイシー・フィールズ、**ジプシー・ローズ・リー**などの有名人も出演している。

　ジプシーは連合国軍旗の前でストリップを行ったとして物議を醸した人物でもある。彼女の生み出した、哲学や芸術、文学について話しながら、見るものを焦らすように少しずつ衣類を脱いでいく方法は、「ストリップ・ティーザー・ダンサーの心理学」と呼ばれている。

ELSA SCHIAPARELLI

エルザ・スキャパレッリのデザインした
服がお気に入りだった

GYPSY
ROSE
LEE

ジプシーと同様、**ジョセフィン・ベイカー**も
『ジーグフェルド・フォリーズ』の花形になった

JOSEPHINE BAKER

GALA DALÍ

LEONORA CARRINGTON

ジプシーを作品に描いた画家マックス・エルンストは、
ガラ・ダリや**レオノーラ・キャリントン**と恋愛関係にあった

GYPSY ROSE LEE
ジプシー・ローズ・リー

ストリッパー
1911–1970
アメリカ

ジプシー・ローズ・リー（本名ローズ・ルイーズ・ホーヴィック）は、ただ服を脱いで有名になったのではなく、脱ぎ方で有名になった人物だ。愛嬌があり、面白く、親しみやすく、それでいて自信に満ちた振る舞いを見せて、男性だけでなく女性からも人気を集めた。赤裸々に書かれた自伝『Gypsy: A Musical Fable』は傑作ミュージカルにもなっている。

ジプシーの家族は、伝説的とさえ言えるほどのストレスが常に存在する家族であり、母であるローズ・ホーヴィックはステージママの元祖であった。ローズ・ホーヴィックは子どもの出生証明書を偽装して、生活費のためにジプシーの妹ジューンを2歳半の頃からヴォードビルに出演させていた。

ジプシーは妹ほどの才能がないと見なされ、母と妹がツアーに出るときも置いていかれたが、やがてコーラスガールとして舞台に立つようになった。そんな彼女が、バーレスク劇場で活躍するようになる。舞台の上でガウンの肩ひもが取れてしまったハプニングがきっかけで、どんどん脱ぐのではなく、ジョークやユーモアを織り交ぜ、焦らしながら脱いでいくスタイルを確立させたのだ。ジプシーは有名なバーレスク劇場「ミンスキーズ」のスターとなり、恥ずかしそうにドレスのブローチを外しては、それをチューバの中に入れてチリンチリンと音を鳴らし、手袋の片方を15分かけて脱いだりした。

しかし、仕事の絶頂期にも、ジプシーは悪夢のような母親から金を無心されていた。ジプシーは母のためにニューヨークのマンハッタンに大きなアパートを借りるなど世話をしていたが、母は自分の恋人だった女性を撃ち殺し、ホテルの支配人を窓から突き落として殺したとも噂された。1954年にがんで他界するが、死の間際にも娘を苦しめる言葉を残している――「今この瞬間にも、私はあんたをつかんで離さないことを忘れるんじゃないよ。このまま一緒に引きずっていってやりたいと、心の底から思っているんだ」。

ジプシーの知性的な振る舞いは、ステージ上だけのものではなかった。多くの優れた文化人とも親交があった。ベンジャミン・ブリテン、レナード・バーンスタイン、W・H・オーデン、ジョアン・ミロを友人に持ち、オットー・プレミンジャーとの間に子どもを授かった。また政治的な出来事にも関心を持ち、スペイン内戦の人民戦線を支持してもいた。頭の回転の速さを生かし、晩年には、ウィットに富んだ会話術でテレビのトークショーのホストも務め、59歳でこの世を去った。

ハリウッドの世界で楽しく生きていたジプシーは、**ヘディ・ラマー**とも友人だった。ヘディは「ジプシー・ローズ・リーも大好きな人の1人。聖書に『持っている者は与えられる』とあるよう、ジプシーは恵まれている。彼女には、さらに幸運に恵まれてほしい」と語っている。

ヘディ・ラマーと同じく、キャサリン・ヘプバーンもハワード・ヒューズと恋仲にあった

HEDY LAMARR
ヘディ・ラマー

俳優、発明家
1914-2000
オーストリア

　何十年もの間、ヘディ・ラマーの科学的なイノベーションは埋もれたままだった。幸運なことに、今では、彼女のスペクトラム拡散への貢献は広く知られている。けれどもその発明がかすんでしまうほど、映画顔負けの数奇な運命を辿っている女性なのだ。

　ポルノグラフィではない映画でオーガズムを演じた初の女性となり、ナチス政権と親しかった武器商人の夫のもとから逃げ出し、Wi-Fiやブルートゥースの基礎となる技術を発明するなど、20世紀の女性のステレオタイプを並はずれたやり方でぶちこわした彼女だったが、「この美が呪いになっている」とも嘆いていた。ずば抜けた頭脳の持ち主だったにもかかわらず、その美しさゆえにハリウッドの世界にとらわれてしまっていたからだ。

　オーストリアのウィーンに生まれたヘドウィヒ・エヴァ・マリア・キースラーは、陶器のような肌、艶やかな黒い髪、湖のように美しい目で男性たちをとりこにした。その1人が極悪人のフリードリヒ・マンドルだ。オーストリアで3番目の富豪であり、武器製造者としてベニート・ムッソリーニやアドルフ・ヒトラーと取り引きをしていた彼は、ヘディと結婚した後シュヴァルツェナウ城に閉じ込めて、籠の鳥のような生活を送らせた。武器製造者らとの社交の場が多く、ヘディはそこで科学技術への興味を培っていった。

　そんな中、3度目で脱走を成功させたヘディはロンドンへ飛び、映画会社メトロ・ゴールドウィン・メイヤー（MGM）の首脳ルイス・B・メイヤーと出会う。大女優に成長する可能性を見出され、メイヤーと契約を結んだ。ヘディの暗くてヨーロッパ的な美しさは、アメリカでは異国的として受け入れられた。ウィッグや大量の衣装などでイメージ転換を強いられたこともあったが、映画『カ

スバの恋』で観客を魅了し、独自の美しさでハリウッドの階段を駆け上っていった。

　だがヘディは、次第に不満を募らせていった。うすっぺらい役柄ばかり与えられて「誰だってグラマラスな女になれる。バカなふりして、突っ立ってるだけでいいんだから」とも口にしている。

　彼女は時間があれば、専用の実験室に閉じこもって発明に没頭した。暗闇で光る犬の首輪、水をコーラに変える錠剤、そしてシュヴァルツェナウでの会話からヒントを得たプロジェクト。作曲家のジョージ・アンタイルとともにアイディアを形にし、番号2292387で特許を取得したのだ。すなわち、敵から妨害を受けないために、魚雷に送る電波の周波数を頻繁に変える「周波数ホッピング」である。2人はこの発明をアメリカ海軍に無料で譲渡したが、そのことは何十年も忘れ去られていた。

　だがこの技術は、携帯電話やWi-Fi、GPSなど現代の通信機器の基礎にもなっている。

　ヘディの科学における偉業が認識されたのは、ずっと後になってからだ。1997年には電子フロンティア財団のパイオニア賞やBULBIE Gnass Spirit of Achievement Bronze Awardが贈られた。しかし、そのときにはもう世間から距離を置いていたヘディは、授賞式には現れなかった。死後は、全米発明家殿堂に入っている。その輝かしい美貌により、世界は彼女の偉大な知性に長い間気づけずにいたのだった。

　ヘディ・ラマー同様、第二次世界大戦で活躍した**ジョーン・クラーク**も、その科学的イノベーションが認められたのは終戦から何十年も経ってからだ。彼女は、この大戦で前線に立つことを禁じられながらも果敢に自国に貢献していた女性たちのうちの1人だった。

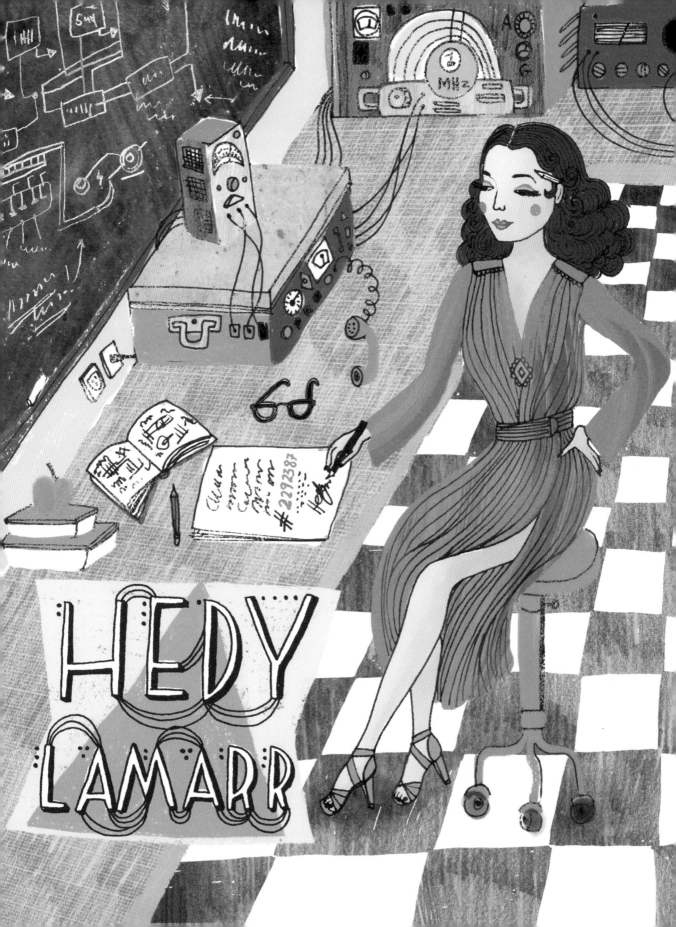

HEDY
LAMARR

JOAN CLARKE
ジョーン・クラーク

暗号解読者
1917-1996
イギリス

　ジョーン・クラークは、慎み深く、口が堅い人物だったため、彼女が第二次世界大戦の暗号解読にどれほど貢献したかを実際に知ることはできない。ウィンストン・チャーチルは、この大戦で暗号解読に取り組んでいた人々を「金の卵を産み、決して鳴かないガチョウ」と呼んだ。

　ロンドンの牧師の家に生まれたジョーンは、優れた数学者だった。ケンブリッジ大学では2科目で最優秀の成績を収めて卒業（ケンブリッジ大学は1948年まで女性に完全な学位を与えていなかったのだが）。1939年、ロンドン郊外のブレッチリー・パークにある政府暗号学校に採用される。1万2000人の職員のうち8000人が女性で、ほとんどが資料のチェックや情報を書き写すのが仕事だった。ジョーンは秘書として従事するが、すぐに「Hut8」として知られる部門の調査チームに加わる（Hut8はナチス・ドイツの暗号「エニグマ」の解読を担当する部門だ）。女性による上級暗号解読者の規定がなかったため、ジョーンの肩書きは「言語学者」だった。彼女は書類に「肩書き：言語学者、専門言語：なし」と書くことを面白がっていたという。

　やがて知り合ったのがアラン・チューリングだ。チューリングはシャイな青年で、ジョーンと同じ数学の才能を持っていた。2人はとても似ていた。2人とも、チェスと、パズルと、自然を好んだ。親友となった2人は婚約していた時期もあったが、同性愛者のチューリングは、「ジョーンを不幸にしてしまうから」と関係を解消。それでも、

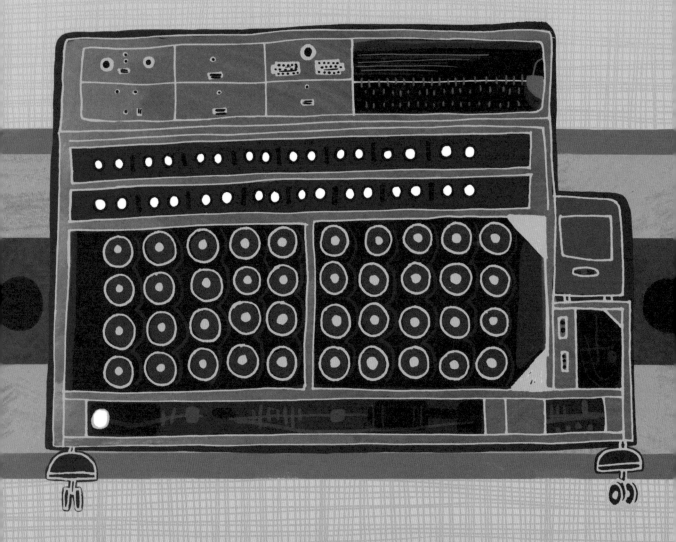

チューリングの死まで、2人は仲の良い友人であり続けた。2人がした仕事はとても複雑で重要だった。彼らのチームは毎日新しい暗号を解読し、次々とそのメッセージを書き起こした。そして、その過程で人々の生命や設備を守ったのだ。

　戦後、ジョーンは大英帝国勲章を受け、政府通信本部で一緒に働いていた退役軍人と結婚。スコットランドに移住する。そこでの生活は落ち着いたもので、スコットランドの貨幣（かへい）の研究や編み物などをして暮らした。そして1996年、暗号解読に費やした人生を、ひっそりと閉じたのだった。

　第二次世界大戦では、ジョーンをはじめ、多くの女性が勝利に導く貢献をした。同じ志を抱き、ジョーンとともに、しかしもっと見えやすい形で戦ったのが、パイロットの**エイミー・ジョンソン**だ。ジョーンと同様、エイミーの任務もほとんどが極秘のものだった。彼女の最後のフライトの理由は、未だに国家機密とされている。

ADA LOVELACE

エイダ・ラブレスもコーディングとプログラミングの先駆者だ

JOAN
CLARKE

エルザ・スキャパレッリは、エイミー・ジョンソンの飛行に触発されてブラウスをデザインした

AMY JOHNSON
エイミー・ジョンソン

飛行士
1903-1941
イギリス

　弁護士の秘書として働いていたエイミー・ジョンソンは、日曜の午後、北ロンドンのスタッグ・レーン飛行場へ出かけたとき、飛行機の操縦に興味を持つようになった。後に「もし私が男だったら、北極や南極を探検したり、エベレストに登ったりしたかもしれない。でも、私の心は空にあったのだ」と記したエイミーは、金持ちの素人操縦士とは違い、湖のまわりを飛んでみせる以上の壮大な計画をもっていたのだ。それは女性として初めて、イギリスからオーストラリアへの単独飛行を成功させることであった。驚くべきことに、彼女はわずか85時間操縦を練習しただけで、計画を実行に移してしまう。

　1930年5月5日、エイミーは、父親の援助を受けて購入した「ジェイソン」という名の中古のジプシーモス機で、ロンドン郊外のクロイドン飛行場を飛び立った。目的地へ一直線の空路をとったものだから、砂嵐が吹き荒れる砂漠を越え、インドのモンスーンを突っ切り、上昇気流が荒れる山の上を越えての飛行だった。結果、新記録を達成することはできなかったが、エイミーの存在に世界中が注目し、オーストラリアのダーウィンに胴体着陸したときには有名人になっていた。国王ジョージ5世から大英帝国勲位コマンダーが授けられた。

　1932年に、操縦士のジム・モリソンと結婚。出会ってたった8時間で、モリソンはエイミーにプロポーズした。2人はイギリスからアメリカに向かう大西洋横断飛行で新たな記録を樹立し、ニューヨークでは紙吹雪の舞うパレードで迎えられた。

　だが飛行機のレースや勇敢な行為だけでは生活できなかったため、エイミーは文章を書き始めるとともに、ファッション業界にも進出した。エルザ・スキャパレッリがエイミーにインスピレーションを受けたコレクションを発表したこともあった。

　第二次世界大戦が勃発すると、エイミーは新たに組織された航空輸送予備隊（ATA）に入隊し、イギリス空軍の航空機を国内各地に輸送していく。ATAで働く女性隊員は「Attagirl」と呼ばれ、イギリスで初めて、男性と同額の賃金が政府から支払われた。1941年1月5日の日曜日、ブラックプールからオックスフォードシャーへ、エアスピード・オックスフォード練習機を輸送する任務にあたっていたエイミーは、ハーンベイの沖合で墜落し、消息を絶った。溺死したと言われているが、彼女の死は謎に包まれ、遺体も発見されていない。エイミーは生前、自身の墓碑銘（ぼひめい）にぴったりの言葉を残している——「私はとんでもないことを成し遂げた普通の女性だ」。

　エイミーと多くの共通点を持つのが、ベルギー人パイロットのエレーン・デュトリューだ。2人はともに世界記録達成者であり、戦時中は母国のために働き、作家となった。またオートクチュールファッションへの野心があった。2003年には、非営利組織ウィメン・イン・アヴィエーション・インターナショナルが、エイミーとエレーンを「航空宇宙業界に最も影響を与えた100人」に選出している。

エレーン・デュトリュー

飛行士、自転車レーサー／1877-1961　ベルギー

　スピードとアドレナリンの中毒。エレーン・デュトリューは、「なんでもできる」みたいな顔をしてニヤリと笑いながら19世紀から20世紀を駆け抜けた。当時の女性には珍しく、コルセットをつけずに！　女性が長いスカートと高圧的な男たちに拘束されていた時代に、エレーンは自転車レースのチャンピオンとなり、スタントライダーや自動車レーサーとして活躍。航空産業のパイオニアにまでなった。

　エレーンはベルギー生まれ。14歳で学校を退学すると、命知らずな兄の影響を受けて自転車レーサーになる。1893年には、1時間あたりの走行距離で女性の新記録を樹立した。だが、平らな道を走っているだけでは冒険心が満たされず、スタントライダーに転向。自転車に乗ったまま15メートルもジャンプする「人間の矢」という技を考案した。

　エレーンは役者でもあった。ベルリンで事故を起こし、そのとき負った怪我の回復を待つ間に、持ち前のショービジネスのセンスを仕事に生かすと決心する──コメディアンとして舞台に立つことにしたのだ。すでに有名人だったエレーンだが、美しさ、陽気さ、大胆さで人気者になる。加えて小柄でやせていたため、クレメント・バイヤード社が発表した飛行機、サントス・デュモン・ドゥモワゼル19号機の操縦に適任だと依頼を受ける。企業側には「小柄な女が乗れるなら、男たちは自分も簡単に乗りこなせると思うだろう」というエレーンを見下す考えもあったようだが、エレーンほどの勇気と技術を持ち合わせた男性など、そう多くはいなかった。

　1910年までに、人を乗せて飛行した最初の女性パイロットとなり、同年11月には、飛行免許を取得した世界で4番目の女性となる。やがて「人間の矢」というニックネームは「レディ・ホーク（鷹）」に取って代わった。

　洗練された飛行服のエレーンは、ファッションセンスの高さでも名声を得る。だが1910年に、彼女の服装が批判の的になる。恐ろしいことに、飛行中にコルセットをつけていなかったのだ！　ちなみに当のエレーンはそんな批判を一笑に付している。1913年、レジオンドヌール勲章を受勲し、輝かしい飛行機人生に終止符を打った。

　エレーンは第一次世界大戦中は、卓越した運転技術を役に立てていた。彼女は救急車の運転手として、そして軍病院の院長として働いた。終戦後にはジャーナリストに転身。また、その年で最も長い距離の無着陸飛行を成功させたフランスとベルギーの女性パイロットに贈るクーペ・エレーン・デュトリュー・モルティエ賞を設立する。20世紀初頭における最も影響力のある女性パイロットとして、エレーンは後続の女性たちのために道を切り開いたのだ。

　最も長距離を飛んだパイロットが勝者となる女性のためのレース（クーペ・フェミナ）は1910年に創設され、エレーンが初の公式優勝者となった。彼女は1911年にも同レースで優勝するが、実は両年とも、フランス人パイロットの**マリー・マーヴィング**が惜しくも敗れている。とくに1910年にはマリーが優勝すると見られていたが、最後の最後でエレーンが勝ちをさらったのだ。

フローレンス・ナイチンゲールと同じく、看護科学の道を切り開いた

マリー・マーヴィングとジョセフィン・ベイカーは、ともにクロワ・ド・ゲール勲章を受勲している

MARIE MARVINGT

マリー・マーヴィング

アスリート、飛行士
1875-1963
フランス

鉄の女というより「プラチナの女」、マリー・マーヴィングは、どんなスポーツでもチャンピオンになるような女性だった。郵便局長だった父親とともに幼い頃から運動に励んでいたマリーは、5歳のときにはすでに1日4000メートルも泳げるほどだった。15歳のときには、フランスのナンシーからドイツのコブレンツまでの400キロをカヌーで渡り切っている。大人になると、スイス・アルプスの難度の高い山々に登頂し、セーヌ川をパリの端から端まで泳いだ最初の女性にもなった。射撃で優勝し、多くのウィンタースポーツやボブスレーでも勝利した。1908年にはツール・ド・フランスの参加を申し込むも、女性であることを理由に大会側から拒否されている。マリーは諦めず、自転車で選手たちの後を追いかけた。レースに参加した114人の男性選手たちのうち走破できたのは36人だけ。マリーのタイムは、その中の数名の選手よりも速かった。

マリーが力を発揮したのは陸上だけではない。気球で北海を横断した初の女性となり、さらにその後、鳥のように飛ぶことに集中する——飛行機での飛行だ。

1910年11月にはパイロット免許を取得し、単葉機で飛行した初の女性に。長距離飛行を好み、女性パイロットのレース、クーペ・フェミナや、航空ショーにも出場した。このときマリーは、航空機による救急活動の開発をフランス政府に提案している。政府は興味を示さなかったが、彼女は諦めずに、自分で計画を立て、試作機も手配した。

活躍はそれだけではない。第一次世界大戦では入隊を熱望し、男装して前線で戦った。そのことがバレてしまうと、赤十字で看護師となった。1915年には女性初の軍用機パイロットとなってフランスの都市メスにあったドイツ軍基地を爆撃したという噂もあり、そのおかげでクロワ・ド・ゲール勲章を受章したとも言われる。

救急用航空機の実用化のために活動を続け、終戦後はその有用性を提唱することに尽力した。優れた設計に対して賞を贈り、モロッコで救急用航空機の民間事業を立ち上げた。救急用航空機の看護師を育成するコースも作っている。1939年になると、政府はようやくマリーのアイディアの先進性に気づき、彼女からの情報をもとに航空救急隊を設立。女性パイロットが操縦し、医師と看護師も配置された。さらに政府は、女性による軍用機パイロット隊を作ることになる。彼女たちはマリーの後続者らだった。その中に、パイロットの経験を持つ**マリーズ・イルズ**もいて、彼女は少尉に任命された。

MARIE MARVINGT

1908.

ANNE FRANK

アンネ、ジョセフィン、オードリーもレジスタンス活動に参加した

JOSEPHINE BAKER

AUDREY HEPBURN

MARYSE HILSZ
マリーズ・イルズ

飛行士
1903-1946
フランス

　マリーズ・イルズは、30代から40代の時期をとにかく飛行機のことに費やした。恋よりも、そして自分の人生よりも、空を飛ぶことを優先させたのだ。

　マリーズは婦人用の帽子の職人だったが、いつも空を飛ぶことに情熱を傾けていた。飛行機に乗ったことがなかったにもかかわらず、20代でパラシュート競技に参加。彼女は胸を高鳴らせながら、プロフェッショナルなパラシュート降下を披露し、翼の上を歩くなどして、パイロット免許を取得するための資金を得た。

　パイロット免許取得の3年後くらいから、エレガントでいながら強い意志をもってマリーズは大奮闘する。パリ〜サイゴン間の往復飛行を成功させ、パリ〜東京間の往復飛行で長距離・最速記録を樹立。1936年にはプロペラ機で1万4310メートルの高度に到達した最初の女性となり、この記録はいまだ破られていない。1人で飛ぶことが多く、機体の修理も自分で行っていた。最速記録挑戦中に、射出座席（脱出装置）を使用したこともある。

　そして、30代初めに飛行士アンドレ・サレルと出会う。

すぐに恋に落ちた2人だが、「決して結婚はしない」という約束を交わした。生活が落ち着いてしまうと、冒険に満ちた生き方を失うのではないかと恐れたのだ。1934年、アンドレが飛行機事故で整備士とともに亡くなった。悲しみに打ちひしがれたマリーズは石碑を建ててとむらった。

　第二次世界大戦ではレジスタンス活動に加わり、極秘任務を何度も遂行。トルコに緊急着陸したこともあった。戦後はフランス空軍に入隊し、女性パイロットのエリート集団を率いた。けれども、マリーズが抱いていた「自分の冒険的なライフスタイルでは、人生は短いかもしれない」という予感は当たってしまう。1946年、悪天候下で操縦していた飛行機が墜落し、ほかの3人のメンバーとともに他界したのだった。

　1933年、マリーズは**アメリア・イアハート**とともに、国際航空連盟から「ウーマン・オブ・ザ・イヤー」に選ばれている。

エルザ・スキャパレッリの影響で、アメリアは自分のデザインによるブランドを発表している

映画『人生の高度計』でキャサリン・ヘプバーンが演じた役は、アメリアがモデルだ

AMELIA EARHART
アメリア・イアハート

飛行士
1897-1937
アメリカ

アメリア・イアハートは、歴史上最も有名な女性パイロットだ。空中でも地上でも怖いもの知らず。女性の地位向上のためにも活躍し、民間航空機の空路を拓いた彼女は、今もアメリカの冒険心の象徴であり続けている。

アメリアの母親は、子どもたちを「ただの良い女の子」に育てるつもりはなかったという。そのためアメリアは、ネズミやカエルで遊びながらのびのび育った。庭の物置小屋の上からお手製のローラーコースターで滑り降りたのが、彼女の「最初のフライト」だった。アメリアは危険を愛するとともに、偉業を成し遂げた女性たちの記事を切り抜いて、スクラップ帳を作ることにも熱中していた。

1916年に高校を卒業し、陸軍病院でボランティアとして働き始めたが、肺炎にかかってしまう。1年ほど静養しているときに、第一次世界大戦帰りのパイロットによる航空ショーを見に出かけ、飛行機の魅力に取り憑かれる。1年後、小さな飛行機に乗せてもらったことで、アメリアは、自分がパイロットになるしかないと決心したのだった。

いくつもの仕事をかけ持ちしながら、飛行訓練に必要な費用を捻出した。髪を短く切り、手持ちの革のジャケットをボロボロにしながら自前の飛行機を購入し、1923年に免許を取得。彼女の上達は速く、1928年には、富豪フェミニストのエイミー・フィップス・ゲストが出資する大西洋横断計画に搭乗者としてではあるが参加する。計画が成功するとアメリアは一躍時の人となり、タバコのラッキーストライクなどのスポンサーがついた。

全米飛行協会の正式会員になったアメリアは、そこで女性に限定しての記録を作っていくことをはたらきかけ、そして1932年、単独で大西洋横断飛行を成功させた最初の女性となった。彼女はほかの女性パイロットへのキャンペーンガールになり、また彼女が飛んだルートの多くは、すぐに民間の飛行機の既定路線となった。

アメリアは、世界一周飛行も目標に掲げていた。初めての挑戦では離陸時に事故が起こるも、諦めずに再挑戦。しかし1937年7月2日、太平洋のニューギニアとハウランド島の間で、アメリアとの無線通信が途切れてしまう。必死の捜索もむなしく、2度と彼女の声を聞くことはなかった。

それでもアメリアは、力強い遺産をのこした。多くの女性に飛ぶことを教えたのだ。また、「男性が挑戦したことに、女性だって挑戦しなければいけない。だれか失敗しても、その失敗がほかの人の挑戦になるのだ」という言葉も残している。

彼女は、政治家、外交官、活動家として活躍した**エレノア・ルーズベルト**とも親交があった。1932年に出会った2人は、ホワイトハウスを抜け出しては、パーティーに出かけたり、ドレス姿のままで飛行機に乗ったりした。そのときアメリアは、エレノアに数分ほど操縦させてもいる。刺激を受けたエレノアは飛行機の操縦を習い、練習許可書を取得したが、その後、空を飛ぶことはなかった。2人は、ともに女性の地位向上を目指し、互いが立ち上げた組織を支え合った。心から理解し合える仲だったのだ。

ELEANOR ROOSEVELT
エレノア・ルーズベルト

大統領夫人、活動家／1884-1962　アメリカ

　エレノアは人道主義者だった。活動家で文筆家でもあり、ファースト・レディとして歴代最長の任期を務めた。その知性、共感力、実行力によって理想のファースト・レディ像を作り上げ、その後のファースト・レディたちの模範となった。

　セオドア・ルーズベルト大統領の姪にあたり、10歳までに母親と弟をジフテリアで、アルコール依存症だった父親を事故で亡くしている。子どもの頃から真面目な性格で、自分の責任に気づいていた。通っていた女学校の校長はフェミニストで、エレノアは彼女と同じ思想を自分ももつことに気づいた。

　19歳で遠縁の従兄弟フランクリン・ルーズベルトに出会い、その後結婚。40年に及ぶ結婚生活で6人の子どもに恵まれた。フランクリンが不倫したことで2人の関係はぎくしゃくするが、それでもエレノアは政治家の妻として、プロフェッショナルな姿勢を崩さずに彼の隣に立ち続けた。ただ、エレノアも複数の女性との濃密な友人関係があり、そのうちの1人、女性ジャーナリストのロ

レーナ・ヒコックとは本格的に付き合っていたと考えられている。

　エレノアは、フランクリンの選挙遊説には必ず同行し、スピーチしたり彼の代わりに出席することもたびたびあった。運動家としても秀でていたエレノアは、女学校で教鞭をとりながら、民主党の選挙運動にも携わった。フランクリンが大統領に就任すると教師の職を辞したが、それまでのファースト・レディと違い、ホワイトハウスに入る前から行っていた仕事は続けた。集会で演説し、雑誌にコラムを書き、ラジオ番組も持っていた。

　エレノアはまた、様々な運動に身を投じた。若年層の権利のために闘い、組合活動のためにブラックリストに入れられた炭鉱労働者のためのコミュニティを築き、日系アメリカ人強制収容所に反対し、公民権運動の看板的存在にもなった。彼女は高慢なチャリティーよりも、自助自立を支援する姿勢を好んだ。

　第二次世界大戦中には兵士らの士気を高め、女性にも戦争関連の仕事に就くよう勧めた。1945年、終戦のわ

ずか5カ月前にフランクリンが他界した後、エレノアは国連のアメリカ代表となり、1947年には国連人権委員会の初代委員長に就任した。2つの重大な責務を兼任したわけである。社会運動にも民主党の政治運動にも積極的に関わり続けた彼女は、ニューヨークで78年の生涯を閉じた。

エレノアと最も親交が深かった人物の1人が、ジャーナリストで編集者の**マリー・マッティングリー・メロニー**だ。マリーが他界したとき、エレノアは次のように記している。「マリーは、未来において女性は重要な役割を担っていると考えていました。彼女は、私のような小さな人間でも何かの力になれること、そして成長を続けるべきことを教えてくれました」。

KATHARINE HEPBURN

アメリカ女性を称えるドキュメンタリーの製作で、**キャサリン・ヘプバーン**と協働。2人は友人同士でもあった

ELEANOR ROOSEVELT

MARIE MATTINGLY MELONEY

MARIE MATTINGLY MELONEY

マリー・マッティングリー・メロニー

ジャーナリスト／1878-1943　アメリカ

　マリー・マッティングリー・メロニーは、ジャーナリストとしての立場から世界をより良くするために活動した女性で、強い信念と優れた才能を持っていた。

　編集者だった母親の教育もあって、マリーは16歳で『ワシントン・ポスト』紙の記者を、18歳で『デンバー・ポスト』紙のワシントン支局長を務めた。マリーは若いだけでなく、きゃしゃな女性だった。そんな彼女が党大会や上院の記者席といったタフな政治の現場で取材する姿は、さぞかし目立ったことだろう。マリーによる最初の大スクープは、海軍提督ジョージ・デューイが内密に行った結婚式を暴露したことだった。

　22歳になると、マリーはニューヨークに移った。その当時のニューヨークは、退廃的で享楽的なジャズ・エイジの紫煙が充満していた。『ニューヨーク・ワールド』紙と『ニューヨーク・サン』紙で記者として働いた後、女性誌『ウーマンズ・マガジン』と『デリニエーター』で編集者を務めた。公平で冷静な判断を下す記者で、自身が取り上げた出来事に直接関わることもあった。狭い家に住む市民たちのために状況改善を求める「ベター・ホームズ・イン・アメリカ」運動を先導したり、時代に先駆けて拒食症や肥満の恐ろしさを訴え、食生活改善を促進するキャンペーンに取り組んだりもした。

　マリーは怖いもの知らずであった。ムッソリーニに4回もインタビューを行っている。また、マリーとの会合の約束をすっぽかしたヒトラーが次の機会を取り付けようとしても、マリーは応じず、後に、ナチスによる書物の発禁・焚書（書物を焼き捨てること）処分を非難した。59歳になっても出版業界に身を置き、ウォルドルフ・アストリア・ホテルのスイートルームにとても優雅な環境を作り、『ディズ・ウィーク』の編集作業を行っていた。

　1920年のこと、マリーは雑誌『デリニエーター』のインタビューで**マリ・キュリー**と出会い、キュリーの第一印象を「顔色が悪く、おどおどした様子だった」と書いている。当時のキュリーは、研究のためにより多くのラジウムを必要としていたが、ラジウムは1グラム10万ドルと、とても高価だった。マリーはキュリーに資金集めに協力することを約束し、怒濤のキャンペーン活動を展開する。1年かからずに、国中の女性から少しずつ寄付金が集まり、ついには鉛板張りのマホガニー箱に入れられたラジウムがキュリーに贈られたのだった。2人は仲の良い友人となり、大統領に会いにいくときも一緒だった。またマリーは、キュリーの自伝出版の手助けもしている。そのおかげで、キュリーはより多くの資金を得ることができた。

シモーヌ・ド・ボーヴォワールは『第二の性』で、

マリ・キュリーを「勇気を与えてくれる存在」だと取り上げている。

MARIE CURIE
マリ・キュリー

物理学者、化学者
1867-1934
ポーランド

マリ・キュリーは、女性初のノーベル賞受賞者で、2度受賞した最初の人物でもあり、物理学と化学の2つの賞を受賞した唯一の人物である。

マリア・サロメア・スクウォドフスカとして、ポーランドの貧しい家に生まれる（後に渡仏した際、名前を「マリア」から「マリ」に変えた）。帝政ロシア支配下で、ともに教師であった両親は職と住居を失い、一家は困窮する。父と祖父が、自宅でマリも含めた5人のきょうだいの勉強を見てくれた。10歳で学校に通い始め、優秀な成績を収めたが、女性であるために、ポーランドでの大学進学はかなわなかった。住み込みの家庭教師として懸命に働いて、パリに渡るためのお金を貯め、勉強を続けた。新しいことを吸収し、学ぶことの楽しさを味わいながら。

パリでソルボンヌ大学に入学したマリは、物理学と数学を学び始める。寒い屋根裏部屋で家庭教師を続けながら暮らし、ろくに食事をとらずに倒れることもあったが、勉学に打ち込んで2つの学位を取得する。卒業後に出会ったピエール・キュリーと1895年に結婚、2人の子どもをもうけた。結婚式で着た濃紺のワンピースが、その後のマリの研究着となった。

マリとピエールの2人は素晴らしい研究チームとなった。放射性物質について研究し、「放射能」という名称を発案し、ラジウムとポロニウムという2つの新しい元素を発見する。ポロニウムは、マリの祖国ポーランドのラテン語名が元になっている。1903年にはアンリ・ベクレルとともにノーベル物理学賞を受賞するが、キュリー

夫妻は注目を浴びることを嫌い、また賞金を受け取ることにも居心地の悪さを感じていた。科学と世界の医療発展に価値があると考えていた2人は、自分たちの特許も申請しなかった。それでも、結局キュリー夫妻はストックホルムを訪れ、受賞者講演を行って賞金を受け取り、研究費に充てることになる。

1906年に悲劇が起こる。ピエールが馬車にひかれて死亡したのだ。マリはピエールの跡を継いでソルボンヌ大学の物理学教授となり、1人で放射線の研究に打ち込んでノーベル化学賞を受賞する。だがスウェーデン王立科学アカデミーは、マリの訪問を前回よりも歓迎しなかった。折しも、彼女と既婚者であるポール・ランジュバンとの不倫がスキャンダルになっていたからだ。

第一次世界大戦が勃発すると、マリは前線で使用できる移動式のX線装置を開発し、それを使うために私有していたラジウムを配布した。終戦後、マリはフランス政府から研究用の資金を得ることができ、様々な国で講演を行うようになる。だが、長期間の放射線被曝によりマリは病に倒れ、1934年に再生不良性貧血で他界。翌年、マリの娘とその夫がノーベル化学賞を受賞した。

マリが亡くなった1934年、南京大学で数学を学んでいた学生が、その偉大な科学者の影響を受けて専攻を物理学に変更する。学生の名は呉健雄（ウーチェンシュン）。「中国のマリ・キュリー」としても知られる彼女は、名声に執着することなく、自らの研究に没頭した。

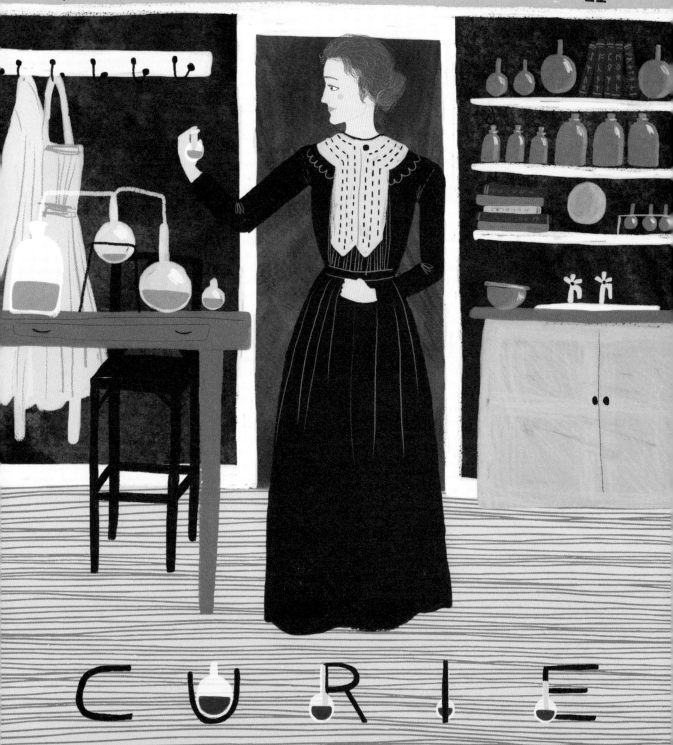

CHIEN-SHIUNG WU

呉健雄

物理学者
1912-1997
中国

「健やかで雄々しい」という名が示すように、呉健雄は恐れずに未知の土地に渡り、核物理学に革新をもたらす研究を行った。

呉健雄は、辛亥革命が終わったばかりの混沌とした時代に生まれた。教育者であった父親の支えを受けながら勉学に勤しみ、とくに数学と科学で優れた成績を収めた。南京大学（当時は国立中央大学）を卒業すると、1936年に渡米。当初はミシガン大学への入学を考えていたが、粒子加速器「サイクロトロン」を導入したばかりのカリフォルニア大学バークレー校に進むことにした。博士号を取得すると、同じ物理学者で、中華民国の初代大統領

である袁世凱の孫、袁家騮と結婚する。

健雄は様々な場面でひそかに、あるいは表立っての人種差別と性差別を経験することになる。英語にも苦戦し、中国を恋しがって実験用白衣の下にはチャイナドレスを着ていたという。追い打ちをかけるように、1937年に日本軍が中国に侵攻し、その後8年も家族と連絡が取れなくなってしまう。

1944年3月、コロンビア大学で教鞭をとっていた健雄は、マンハッタン計画に加わり、アメリカが原子爆弾開発計画を進めるうえで極めて重要な問題を研究するようになる。

第二次世界大戦後も、健雄は「ベータ崩壊」についての研究をしていた。コロンビア大学に残るよう要請され、持ち前の妥協を許さない性格から、素晴らしい結果が導き出され、さらに「パリティの法則」の破れを証明することにも力を尽くした。この研究で、健雄の同僚研究者2人にはノーベル賞が授与されたが、彼女の名はなく、議論を呼んだ。それでも健雄は、ウルフ賞やトム・W・ボナー賞をはじめ、多くの賞を受賞している。

コロンビア大学を退職した後、健雄は世界各地で講演を行い、若い女性たちにSTEM教育（科学・技術・工学・数学の教育）の大切さを訴えた。

健雄がノーベル賞を逃したのは、スウェーデン王立科学アカデミーが性差別的な理由で彼女の業績を軽視したためではないか、と考えられている。性差別に関する非難は、ずっとノーベル賞に付きまとっている。同じようにノーベル賞を逃したのが、核物理学のパイオニアである**リーゼ・マイトナー**だ。彼女のドイツでの研究は、ルーズベルト大統領の危機感をあおり、マンハッタン計画を設立する直接のきっかけとなった。1944年、彼女の共同研究者オットー・ハーンにはノーベル化学賞が授与されたにもかかわらず、彼女はその対象にならなかった。

LISE

MEITNER

$^{92}_{36}$ Kr

3^2_0 h

$^{141}_{56}$ Ba

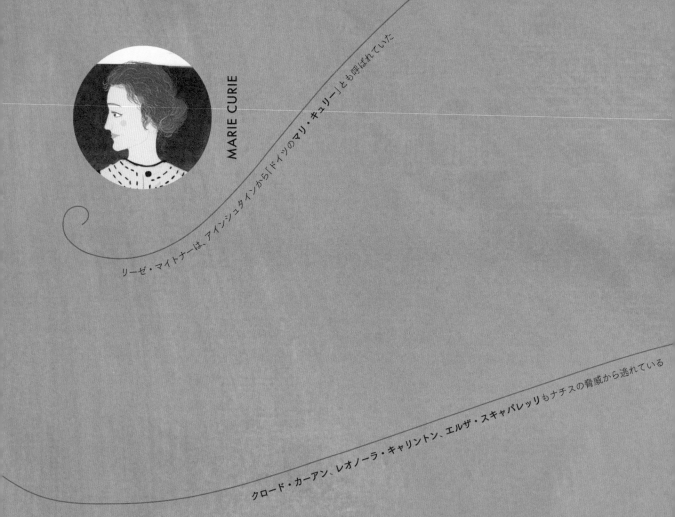

MARIE CURIE

リーゼ・マイトナーは、アインシュタインから「ドイツのマリ・キュリー」とも呼ばれていた

クロード・カーアン、レオノーラ・キャリントン、エルザ・スキャパレッリもナチスの脅威から逃れている

LISE MEITNER
リーゼ・マイトナー

物理学者
1878-1968
オーストリア

　リーゼ・マイトナーの研究は、原子爆弾の開発に直接つながる大きなものだった。彼女は「良心を決して失わない」科学者として知られ、墓石にもそう刻まれている。

　オーストリアのウィーンに生まれ、勉学に協力的で裕福な家庭環境で育つ。ウィーン大学に進み、物理学の博士号を取得した2人目の女性となる。その後、ドイツのベルリン大学でマックス・プランクの授業を聴講させてもらい、助手を務めている。やがて科学者のオットー・ハーンに出会い、共同で研究を行うようになる。その後、2人は新設されたばかりのカイザー・ヴィルヘルム化学研究所に移ったが、リーゼは無給で、しかも、研究所に女性が入ることは許されなかったため、リーゼは掃除用具入れで研究を行った。

　1917年、リーゼはオットーとプロトアクチニウムを発見し、カイザー・ヴィルヘルム研究所の物理学部門を任

されるようになる。1926年にはドイツの女性で初めて物理学教授に就任。30年にもわたる研究で、リーゼとオットーは「重い」元素を作ろうと試みていた。原子力開発の初期段階である。

　リーゼはユダヤ人で、当時は反ユダヤ主義が台頭していた。そのため1938年、60歳だったリーゼは最先端の研究を泣く泣く諦め、身の回りのものだけを持ってスウェーデンに亡命する。それでも、オットーとは手紙を送り合いながら研究を続けた。彼女がそうありたいと願う間は、彼女は研究チームの一員だったのだ

　その後、リーゼは甥のオットー・フリッシュと研究を始め、オットー・ハーンとフリッツ・シュトラスマンによる実験結果から、核分裂が起きたことを証明した。これが世界中の原子力発電、そして核兵器へとつながっていったのだ。

CLAUDE CAHUN

LEONORA CARRINGTON

ELSA SCHIAPARELLI

　アメリカから原子爆弾を開発するマンハッタン計画への参加を持ちかけられるが、リーゼは固辞し、広島に原爆が落とされたことを知ると「爆弾が発明されたことを申し訳なく思う」と後悔の念を見せた。

　1944年に、オットー・ハーンにノーベル化学賞が核分裂を発見したとして贈られた。当時の選考過程が90年代にようやく公開され、偏見や無知、そしてリーゼの急な移住が原因となって、彼女の貢献が軽視されたことが判明した。受賞できなかったとき、リーゼは立腹し、オットーとの間に多少の衝突はあったものの、彼女は生涯オットーの友人であり続けた。没後29年を経た1997年には、新しく発見された元素に彼女の名にちなんだ「マイトネリウム」という名前がつけられた。

　ストックホルムに移り住んだリーゼは、たびたびコペンハーゲンにニールズ・ボーアを訪ねては、研究を行っ

ている。実は、核分裂のことをアメリカに伝えたのはこのボーアであり、リーゼと甥のオットーを出し抜いたとも言える。

　1943年、ボーアもスウェーデンに亡命しなければいけなくなる。2013年に発表された映画俳優**グレタ・ガルボ**の伝記によると、ボーアをデンマークから逃がすために、グレタはスウェーデン王グスタフ5世の協力を仰いだという。同書でグレタは、ストックホルムにいたナチスの協力者の存在を突きとめたとされている。とはいえこれは、「ガルボ」という名を使っていた別のスパイによるものと主張する人もいる。そうはいっても、スウェーデン生まれの秘密主義者グレタは、信じられないような人生を歩んだ人物だ。何が真実でもおかしくない。

GRETA GARBO
グレタ・ガルボ

俳優
1905-1990
スウェーデン

このうえなく優美、それでいて強烈な個性を放っていたグレタ・ガルボ。型に入れたように個性がないアメリカ女優たちとは一線を画し、異国情緒あふれるヨーロッパ的な美しさを誇った。グレタの「私は1人になりたい」という名文句は、まさに彼女の真実を言い表していた——彼女はスターという虚像を嫌っていたのだ。

グレタ・ロヴィーサ・グスタフソンはスウェーデンの貧しい家庭に生まれた。そのクールな美しさが初めて見出されたのは、スウェーデンのデパートで働いていたときのこと。宣伝広告のための短編映画に起用されたのだ。これがきっかけで別の映画にも出演し、演劇学校に通い始める。その後、映画監督マウリッツ・スティッレルが彼女を『イエスタ・ベルリングの伝説』に起用。彼と組んだことで、グレタはハリウッドに進出することになる。

グレタの運命を変えたのが、映画会社MGMのルイス・B・メイヤーとの出会いだ。ヨーロッパの才能ある人材を探していたメイヤーは、ベルリンでマウリッツとグレタと契約。すぐに2人は船に乗ってアメリカに向かった。撮影審査までに半年も待たなければならなかったが、結果はすぐに出た。イメージチェンジが施され、発声練習などを受けた後、すでにグレタはカメラにクローズアップされる準備ができ上がっていた。

グレタの演技は秀逸だった。彼女は、極限まで抑えた表現で複雑な感情を表すことができる俳優だった。1作目『イバニエスの激流』は好評を博し、2作目以降も男を惑わせる魔性の女を演じて、サイレント映画のスターの地位を確立する。だが同時に、グレタの孤独を好む秘密主義的な性格も表面化していった。感情的な場面を撮

るときには、ついたての背後に隠れて撮影するよう求めたという。

　同時期に活躍していたかん高い声の俳優と違って、グレタは難なくトーキー映画に移行することができ、MGMでさらに13作品に出演している。アカデミー女優賞に4回ノミネートされたが、すべて出席していない。1954年にアカデミー名誉賞が贈られたときさえ、授賞式に姿を現さなかったという。パーティや群集を嫌い、ファンにサインをしたこともなかった。『奥様は顔が二つ』を最後に36歳で引退。その後ニューヨークのマンハッタンに暮らし、84歳で世を去った。

　グレタは生涯結婚せず、決まったパートナーも持たなかった。1920年代に俳優ジョン・ギルバートと深い仲にあったことはよく知られているが、ほかにも指揮者レオポルド・ストコフスキー、女優ルイーズ・ブルックス、写真家セシル・ビートン、ロシアの富豪ゲオルグ・シュリーとも恋愛関係にあった。また作家メルセデス・デ・アコスタとも、30年以上にわたり親密な間柄であった。

KATHARINE HEPBURN

70歳を過ぎたグレタ・ガルボとキャサリン・ヘプバーンは、一緒にジョギングを楽しんだ

Greta Garbo

メルセデスはガートルード・スタインとともにメキシコを訪れたことがある

GERTRUDE STEIN

DOROTHY PARKER

ドロシー・パーカーと同級生だった

MERCEDES DE ACOSTA
メルセデス・デ・アコスタ

詩人、作家
1893-1968
アメリカ

メルセデス・デ・アコスタは、時代を40年は先取りした考えの持ち主だった。同世代から鼻であしらわれることも多かったが、彼女は同性愛者であることを誇りを持って公言し、ベジタリアンであり、毛皮を着ることを拒み、女性参政権論者としても名を馳せ、東洋の哲学と宗教についても学んでいた。

メルセデスはニューヨークで、キューバ人の父とスペイン人の母の間に生まれる。マンハッタンの小学校に通い、作家のドロシー・パーカーは同級生だった。幼い頃から人目を引く容姿で、7歳まで男の子の服を着ていた。5歳のときには、セント・パトリック大聖堂で劇場支配人のアウグスティン・デーリーの目にとまり、その場で養子にしたいと懇願される。

26歳で詩集『ムーズ』を出版。その後も詩集を2冊、戯曲を12作（上演されたのは4作）、小説を1編発表している。しかし、メルセデスといえば、何といってもその恋愛遍歴で最も知られているだろう。友人のアリス・B・トクラスは「メルセデスは、20世紀を代表する女性たちと関係を持った人物として語り継がれるだろう」と述べている。

エヴァ・ル・ギャリアン、アラ・ナジモヴァ、マレーネ・ディートリッヒ……メルセデスの恋人リストは、まるでハリウッドの豪華なパーティのようだ。女性同士の恋愛を、現代的で、粋で、世間から憧れられるものにしたのがメルセデスなのだ。彼女は、周囲に強烈な印象を与える人物だった。ゴス・ファッションの先駆けとも言える

格好をし、ズボン、バックル付きの先のとがった靴、三角帽、ケープ姿でマンハッタンを闊歩していた。白い肌に、赤い口紅。後ろになでつけられた、つややかな黒髪。タルラー・バンクヘッドは、彼女のことを「ドラキュラ伯爵夫人」と呼んだ。

38歳でグレタ・ガルボに出会い、激しい恋に落ち、関係は12年も続いたが、波風も絶えなかった。多くの時間を一緒に過ごした2人だったが、後にグレタは一途すぎるメルセデスに疲れ、「1人にしてほしい」と懇願する手紙を送っている。報道によると、グレタは、メルセデスによって私生活が公になることも恐れていたようだ。

1930年代には、メルセデスはインドの神秘主義者メヘル・バーバーと親しくなり、ヒンドゥー哲学にのめり込んでいる。ヨガを習い、指導者マハリシ師に会うためにインドを訪れた。

晩年のメルセデスは病を患い、医療費を支払うために手持ちのダイヤモンドを売らざるを得ない状況だった。資金集めのために赤裸々な内容の自伝を発表して、多くの友人を失った。それでも彼女は、遊び心にあふれた魅力を失わず、芸術家のアンディ・ウォーホルをはじめ多くの人の心を惹きつけた。

メルセデスが最も長く恋愛関係にあった1人が、ダンサーのイサドラ・ダンカンである。2人は1917年にニューヨークで出会った。イサドラは大胆で官能的な詩を書き、そこでメルセデスを「いたずら好きの天使」と呼び、「スレンダーなお尻」「秘密の場所」をほめ称えている。

93

イサドラ・ダンカン

ダンサー
1877-1927
アメリカ

どこまでも自由な魂を持つイサドラ・ダンカンは、ダンスの世界に喜びをもたらし、天衣無縫に生を謳歌した。

サンフランシスコに生まれたイサドラは、早熟な踊り手で、6歳の頃には近所の子どもにダンスを教えていた。イサドラのダンスは、とにかく「自由」なものであった。正式な訓練を受けず、感覚で理解した音楽を即興で踊ることを好んだ。彼女のダンスを特徴づけるのは、駆けたり、跳ねまわったりする動きだった。10代で家を出るとシカゴに移り、その後ニューヨークへ。だが、型にはまらない踊り手であったため、バレエや舞台での仕事はなかなか見つからなかった。

ヨーロッパ文化に憧れていたイサドラは、1898年にロンドンを訪れる。ギリシャ神話を学び、インスピレーションを得るために大英博物館で彫像の間をさまよい歩いた。自然からの発想を大切にし、古代の儀式を参考にするなど独自のスタイルを確立するにつれ、クラシック・バレエの古いしきたりを拒絶し、廃止を訴えるようになる。裸足になって、チュニックやトガ、あるいはスカーフを巻きつけた姿で踊った。

旧来のダンス界から受け入れられなかったイサドラは、個人の邸宅で踊りを披露することが多かったが、当時活躍していたダンサー、ロイ・フラーのヨーロッパツアーに同行し、各地で好評を博すようになる。

イサドラには子どもが2人いた。舞台芸術家ゴードン・クレイグとの間に授かった娘と、ミシン会社の御曹子パリス・シンガーとの間に授かった息子だ。しかし1913年、悲劇が起こる。子どもらとナニー〔住み込みのシッター〕が乗った車がセーヌ川に転落してしまい、イサドラは我が子を失った。

仕事を生きる支えにした彼女は、公演を成功させ、学校を設立する。最初のドイツの学校で選ばれた6人の弟子たちは、「イサドラブルズ」と呼ばれた。

イサドラは両性愛者であり、無神論者で、共産主義を
熱心に支持していたようだ。1921年にはロシアに渡り、
詩人セルゲイ・アレクサンドロヴィッチ・エセーニンと
出会って、短い結婚生活を送った。イサドラと別れた2
年後に、セルゲイは自殺している。

　イサドラは晩年、理性を失いもがき続けた。酒に溺れ、
浮き名を流し、フランスで刹那的な日々を送るようにな
っていた。そして50歳のとき、首に巻いた長いシルクの
スカーフが、乗っていたオープンカーのタイヤに絡まっ
て事故死した。

　訃報を受けた作家**ガートルード・スタイン**は、「キザな
格好は危険なこともある」となんとも無情なコメントを
した。2人はともに1880年代のカリフォルニア州オーク
ランドで育ったが、出会ったのはヨーロッパのサロンや
集まりの場であった。ガートルードは、ポー
トレート『オルタ・オア・ワン・ダンシ
ング』でイサドラの姿を描写し、彼女に
永遠の命を与えた。ガートルードの優雅
で繰り返しの多い文章が、イサドラの流
れるような独特な動きに共鳴している。

TAMARA ROJO

バレエダンサーの**タマラ・ロホ**は

『5つのイサドラ・ダンカン風ブラームスのワルツ』を披露した

ガートルードの詩は、ジョージア・オキーフに影響を与えた

GEORGIA O'KEEFFE

GERTRUDE STEIN

ガートルード・スタイン

作家、美術収集家／1874-1946　アメリカ

　モダニズムを代表する作家ガートルード・スタイン。人を惹きつける魅力を持つ熱心な収集家でもあった彼女のもとに、作品と人間が集まった。

　ガートルードはヨーロッパとカリフォルニア州のオークランドで育った。裕福な家庭に育ち、兄のリオとはとりわけ仲が良かった。10代で両親が他界してしまうと、メリーランド州ボルチモアの伯父宅で暮らすことになる。優秀な彼女はラドクリフ・カレッジを卒業するが、ここで、後の彼女のスタイルとなる「意識の流れ」という叙述手法につながる実験を学んでいる。その後、ジョーンズ・ホプキンス大学の医学部に入学したが、自由な思想を持っていたため、教師たちと対立することも多く、卒業せずに退学してしまう。

　1903年、兄リオとともにパリに移住すると、2人は美術品の収集を始める。その後ガートルードはアリス・B・トクラスと出会い、3人で一緒に暮らすようになる。彼女らが住むアパートの天井が高い壁には、現代美術家による色彩豊かな絵がいくつもかけられていた──セザンヌ、ゴーギャン、ルノアール、ピカソ、マティス、トゥールーズ・ロートレック。その後、何十年にもわたって、このサロンは多くの新進の芸術家や作家をつなぐ場所となった。土曜日の夜になると、アンリ・マティス、エズラ・パウンド、パブロ・ピカソ、スコット・フィッツジェラルド、ジェイムズ・ジョイス、アーネスト・ヘミングウェイといった面々が集っては、芸術や文学について論じ合った。一方、アリスが加わったこともありガートルードとリオの関係は次第に悪化し、1914年、とうとう別々に暮らすことになる。ガートルードはこれを「離婚」と呼んだ。口も聞かないような状態になった兄と妹は、収集した美術品を分配した。

SYLVIA BEACH

COLETTE

JOSEPHINE BAKER

1920年代のパリ社交界を彩った人たち

ELSA SCHIAPARELLI

CLAUDE CAHUN

　ガートルードの作家としてのキャリアは、社交や芸術家たちの支援と比べてあまり重要でないのものだったが、1909年から、流れるような文体の作品を発表していく。それでも、商業的な成功を収めたのは『アリス・B・トクラスの自伝』だけであった。

　第一次世界大戦中、ガートルードとアリスは、ヘミングウェイやE・E・カミングスと同様に、救急車の運転手として働いた。1934年、アメリカ各地で講演を行い、パリではホストとなって芸術家や作家を自分のアパートメントに招き続けた。72歳で他界するまで、この生き方を貫いたのだった。

　同時期のパリには、書店主であり出版者であるシルヴィア・ビーチも住んでいた。ガートルードはシルヴィアの書店「シェイクスピア・アンド・カンパニー」に客として通っており、シルヴィアもガートルードのサロンに顔を出していた。シルヴィアの店は、両大戦間のパリ文芸界における中心的存在であった。芸術家、詩人、哲学者らは連れ立って、セーヌ川左岸にあるこの店に通った。共同で作品を作り、熱い議論を交わしては、芸術の喜びを謳歌した。シルヴィア・ビーチはガートルードについて、自伝『シェイクスピア・アンド・カンパニー』にこう書き残している。「ガートルード・スタインは大きな魅力を持った人物でしたので、いつもそうとは限りませんが、彼女がある種の子どもじみた悪意を込めて口にした恐しく馬鹿げた発言をしばしばうまく処理することができたのです」(『シェイクスピア・アンド・カンパニイ書店』(中山末喜訳、河出書房新社)より)。

シルヴィア・ビーチ

シルヴィア・ビーチは、まるでロマンチック小説の主人公のような人生を送った。女の子がパリに引っ越し、そこで恋に落ちて、書店を開く。そして、英米文学の中で最も物議を醸した小説を出版していくのだ。もちろん、すべてが順風満帆に進んだわけではなかったが。

シルヴィアは、アメリカ、メリーランド州の牧師館で生まれ育った。信心深い家族で、父方は何代にもわたる牧師の家系だった。一家はフランス好きで、何年間もパリに滞在した。シルヴィアはヨーロッパに憧れを抱き、スペインに住むようになった。第一次世界大戦が勃発すると、バルカン半島で赤十字社の一員として働いた。

その後パリに戻ると、シルヴィアはフランス文学について研究して、現代フランス文学専門の書店であり無料貸本屋でもあった「本の友の家 (La maison des Amis)」を訪れる。そして彼女は、その店と、23歳の店主アドリエンヌ・モニエ双方に刺激を受けたのだった（後に2人は恋人同士になる）。フランス文学の専門書店をアメリカ

に出すほどの資金はなかったので、シルヴィアはパリに英語の本を販売・貸出する店を開くことにした。これが「シェイクスピア・アンド・カンパニー」書店である。

そこは夢のような場所だった——大量の書物、布張りのアームチェア、窓から差し込む陽の光。作家らはここに集い、面倒見の良いシルヴィアにもてなされた。彼女は困窮している者には金を貸し、住む場所を持たない者には奥の部屋のベッドを用意していた。

ヘンリー・ミラーは、愛人の小説家アナイス・ニンとともに『北回帰線』の草稿を携えてやってきた。アーネスト・ヘミングウェイも常連で、彼は自身に関する「口の利けない雄牛」と題された批評を読み、怒ってチューリップの花瓶を殴り倒し、書店にあった大量の新刊を濡らしてしまったこともあった。

定期的に開かれていた読書会にひかれてアンドレ・ブルトンやジェイムズ・ジョイスのような人物もやってきてた。ジョイスはアドリエンヌとシルヴィアの良き友となった。ジョイスが、物議を醸す『ユリシーズ』の出版

SYLVIA BEACH

元を見つけられなかったときには、シルヴィアが介入して、自ら作品を世に送り出した。

　第二次世界大戦が始まると、ドイツ軍のパリ占拠によって、書店は閉店を余儀なくされる。すでにアドリエンヌのアパートから引っ越していたシルヴィアは、ユダヤ人のアシスタントを雇っていたために、捕虜収容所に6カ月間抑留された。2人は恋人関係ではなくなっていたが、友人でい続け、1955年にアドリエンヌが自殺するまで多くの時を一緒に過ごした。1年後、シルヴィアは回顧録である『シェイクスピア・アンド・カンパニー』を発表。1962年にパリで没した。

　シルヴィアのサロンに出席して、彼女やアドリエンヌと親交を深めたのが**クロード・カーアン**と**マルセル・ムーア**だ。2人は義理の姉妹であり、恋人同士でもあった。写真家のクロードは、書店を開けているときのシルヴィアの姿をカメラに収めていて、ときどき店で働いていたと考えられている。もちろん、書店の会員カードを持っていた。

SIMONE DE BEAUVOIR

シモーヌ・ド・ボーヴォワールは仲の良い友人だった

KATI HORNA

カティ・オルナも、シュルレアリスム写真家のパイオニアである

CLAUDE CAHUN
クロード・カーアン

芸術家、写真家
1894-1954
フランス

　時代に先駆けたクロード・カーアンのシュルレアリスム芸術は、クロード自身と切り離せないものだ。だが、もしあなたがユダヤ人で、マルクス主義のレズビアンで、義理の姉と恋に落ち、20世紀前半に生きていたなら、シュルレアリストで、自分自身の内側と向き合う表現者になるのは間違いないだろう。

　クロード・カーアンこと本名リュシー・シュウォッブは、フランスに生まれる。家庭は精神的な不安定さに悩まされていた。クロードはイングランド南部の学校に通い、その後ソルボンヌの大学に進む。10代で父親が再婚し、義理の母親の連れ子シュザンヌ・マレルブと同じ家で暮らすことになった。後にシュザンヌは「マルセル・ムーア」と名乗る。少女たちはすぐに惹かれ合い、生涯のパートナーとなる。クロードは男性でもなく女性でもない「中性」で、本人も「カードをシャッフルする。男性と出るか？女性と出るか？　それは状況次第だ」と語っていた。

　クロードとマルセルは単なる恋人同士ではなく、お互いがお互いのすべてだった。パリでサロンを一緒に開き、協力して芸術活動に取り組み、合作も生み出している。生前には執筆活動が本業だと見なされていたクロードだが、写真でこそ真価を発揮している。サーカスの大男、髪飾りをつけた少女、吸血鬼、日本人形など、いくつもの異なる「ペルソナ（仮面）」を身につけた自分を撮影して、シュルレアリスムの美しさを、自己陶酔的なセルフポートレートに結びつけた。クロードとマルセルの芸術は、あまりに異端だった。1936年、シャルル・ラットン画廊で行われたシュルレアリストの展覧会に出展したが、世間の注目は集まらず2人は失望する。1937年にはジャージー島に移り住み、そこで芸術活動を続けるが、1940年に戦争の影が間近に忍び寄ってきた。ナチスがジャージー島を占領したのだ。すると、2人はレジスタンス活動を開始する。

　2人の自己完結型のレジスタンス活動は、芸術を超えて、政治的な活動でもあった。「名もなき兵士」と自称しては、扇動的なビラやコラージュを作り、小さな老婦人に扮して、それらを兵士のポケットやタバコ箱にこっそりと押し込んだり、軍用車両の窓から中へ投げ込んだりした。しかし1944年に逮捕され、死刑判決を受けてしまう。だが、運良くフランス解放の日は近く、1945年の終戦で釈放された。クロードは1954年に他界した。

　クロードにとってのキャリアの頂点は、1936年にシャルル・ラットン画廊で開かれた「超現実主義オブジェ展」での、非常に象徴主義的な作品だっただろう。そこには、同じくシュルレアリストとして活躍した盟友サルバドール・ダリもいた。クロードと同じく、ほかの芸術家と多くの合作を生み出したダリには、**ガラ**というミューズがいた。ダリは、彼女から激しいインスピレーションを受けており、「私の絵のほとんどは、ガラ、君の血で描かれたんだ」と語っている。

ガラは**ココ・シャネル**と仲が良かった

COCO CHANEL

LEONORA CARRINGTON

ガラと同様、**レオノーラ・キャリントン**も
マックス・エルンストと関係を持っていた

GALA DALÍ

ガラ・ダリ

サルバドール・ダリの妻、実業家
1894–1982
ロシア

激情のミューズであり、ロマンチックな冒険家であり、サルバドール・ダリの賢明な宣伝係でもあるガラ・ダリ。彼女はその神秘的なオーラとカリスマ性で、世界屈指の芸術家や作家たちに大きな影響を与えた。

ガラの本名はエレナ・イヴァノヴナ・ディアコノワで、モスクワで育ち、運命がいたずらするまでは学校の教師をしていた。結核にかかったガラは、スイスのクラヴァーデル結核療養所へ送られ、そこで新進の詩人ポール・エリュアールと出会う。彼女に、フランス語で「勝利」や「祝祭」を意味する「ガラ」というニックネームをつけたのが、このエリュアールである。2人は本を愛する心を通じて関係を深め、1917年に結婚。パリに暮らして娘を授かったが、ガラは母親という立場を楽しめなかった。エリュアールから、シュルレアリスム運動を推進する気鋭の芸術家たちを紹介されると、彼女の芸術への関心は情欲に取って代わる。そして1922年から、画家マックス・エルンストと親密になり、2年ほど関係を続けた。

1929年の夏を、ガラとエリュアールは新鋭の画家サルバドール・ダリのもとで過ごす。ガラとサルバドール——ガラより10歳若かった——は一目で強く惹かれ合い、1934年に結婚。ガラが他界するまで一緒に過ごした。2人の関係は、他人が入り込む余地のない、ごく親密なものだった。

2人は間違いなく深く愛し合っていた。サルバドールはガラを自分の作品のために食らい、キャンバスの上に吐き戻した。中でも有名なのが、胸を片方さらけ出したガラを描いた『ガラリーナ』だ。サルバドールは作品の自分のサインの隣に彼女の名前もサインし、2人のイニシャルを表す記号も創作した。また、ガラがサルバドールのエージェ

ント、マネージャーとして活躍したことも知られている。実はサルバドールは、複雑な性的コンプレックスを抱えていた。女性器を嫌悪し、ガラと出会うまでは性的経験もなかったが、妻が他人と愛し合う姿を見て興奮する性的嗜好の持ち主であった。色恋が好きだったガラはそれを心から楽しみ、サルバドールを喜ばせた。彼女は、多くの若い芸術家や元夫のエリュアールとも関係を持っていた。

1968年にサルバドールは、スペインのジローナに建つプボロ城をガラに贈る。ガラは夏の間をここで過ごし、サルバドールが無断で来ることを許さなかった。彼女は70代後半になっても、リヒャルト・ワーグナーの胸像に囲まれたプールで、若い愛人たちを楽しませていた。

やがて2人の関係は、徐々に緊迫していく。年をとって作品を発表しなくなったサルバドールはいらだつことが増え、妻の情事に以前ほど寛大になれなかったようだ。ガラは彼から暴行を受け、お尻の骨を折ったとも伝えられている。偉大な愛の物語の、なんとも悲しくて苦い結末だ。ガラは1982年にインフルエンザを患って亡くなり、愛するプボロ城の庭に埋葬された。

サルバドールとよくコラボレーションしたのが、イタリアのファッション・デザイナー、**エルザ・スキャパレッリ**だ。代表作とも言える巨大なロブスターがプリントされた「ロブスター・ドレス」は、サルバドールのデザインを使っている。ほかにも、共同で作ったハイヒールの形をした帽子「シュー・ハット」や、視覚効果によって激しく引き裂かれ皮を剥がれた肉のように見える「ティアーズ・ドレス」などもある。ちなみに「シュー・ハット」はガラの所有となった。

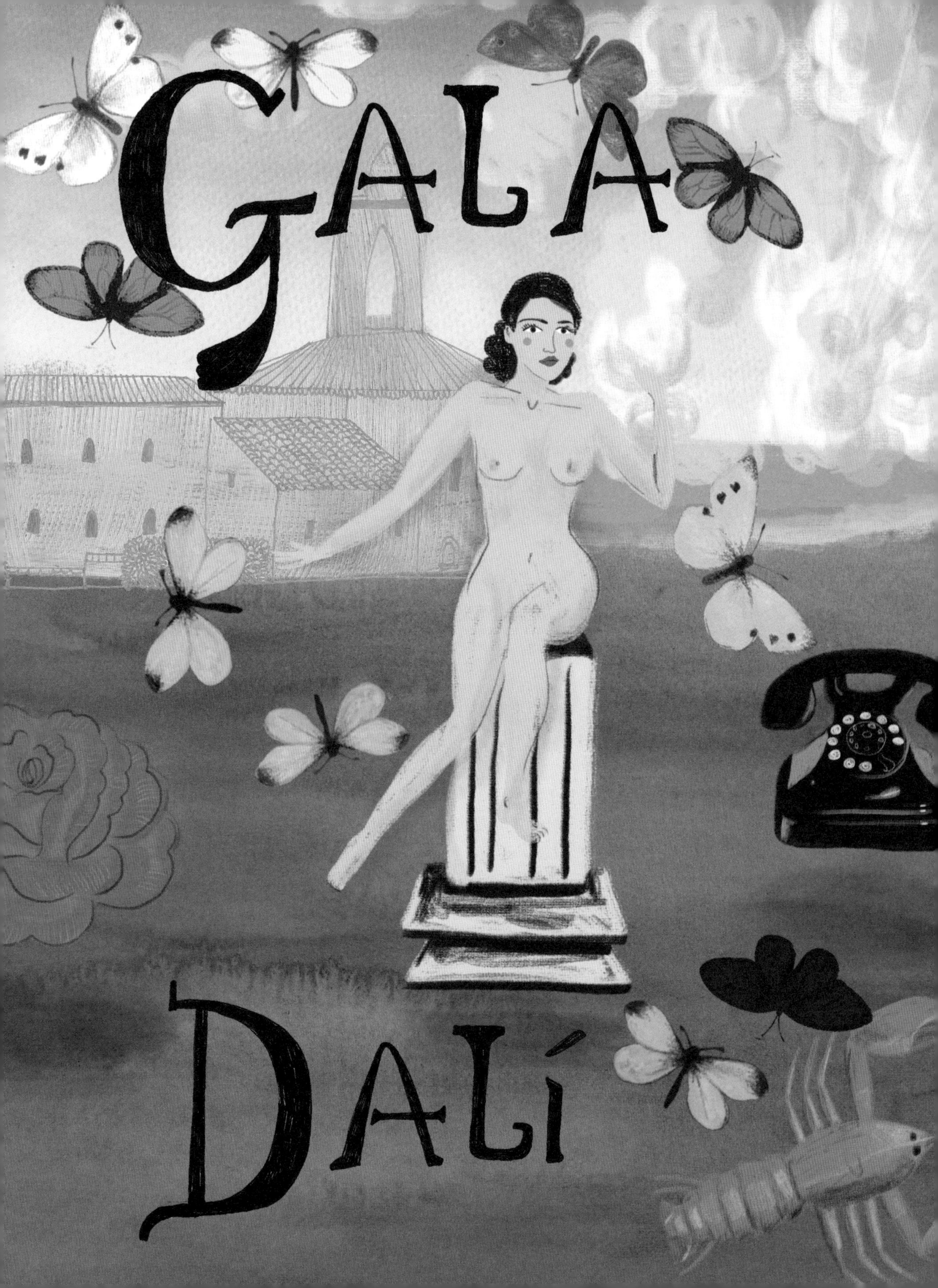
GALA
DALÍ

エルザは**グレタ・ガルボ**の衣装をデザインした

ELSA SCHIAPARELLI
エルザ・スキャパレッリ

ファッション・デザイナー／1890-1973　イタリア

　歴史に残る、最も素晴らしいファッション・デザイナーの1人であるエルザ・スキャパレッリは、独創的な服を果敢に生み出した。彼女が手がけたのはただの衣類ではなく、もはや芸術であった。

　彼女は学者と貴族の一族に生まれた。しかし、お高く止まったようなローマの家の空気を嫌い、22歳のとき、親が勧めるロシア貴族との結婚から逃げるために、ロンドンで児童保育の仕事に就く。その1年後、ポーランド系スイス人で「神秘主義者」を自称する詐欺師ウィリアム・ド・ヴェントと結婚。生まれた女児には、「ゴーゴー」という素晴らしい愛称をつけた。だが、結婚生活は6年ほどで破綻する。

　ニューヨークでの短い暮らしの後、1922年にパリへ居を移し、服飾デザインの実験を始める。正式な訓練を受けたことのないエルザだが、芸術的なスキルと現代的なまなざしは彼女の服の強みだった。1927年に自分のブティックを開き、コレクションを発表。シュールな模様の派手なニットなどを世に送り出した。

　ウィットに富むエルザはパリの芸術家の社交界で人気を集め、その持ち前のユーモアをデザインにも生かしている。奇抜なデザインの陰に隠れがちだが、実はエルザは実用面でもファッション界に貢献している。ラップドレスの先駆けとなるドレスを手がけ、ファスナーを表から見えるように衣類にあしらい、革新的な合成繊維を使ったのだ。

　そして、圧倒的な成功を収めたのが「香り」の分野だった。女優メイ・ウェストの体形とダリの絵画に着想を得た壜に詰めた香水「ショッキング・デ・スキャパレッリ」は、エルザの代名詞とも言えるショッキング・ピンクのパッケージにくるんで発表した。彼女のマーケティングにより、香水は国際的な成功を収めた。

　ナチス主義が台頭する中、エルザは1941年にニューヨークへ渡り、看護師に志願した。占領が終わるとパリに戻る。しかし世界はすでにどうしようもなく暗くなっており、クリスチャン・ディオールの実用的な「ニュールック」がもてはやされ、エルザの浮かれたデザインは人気を失っていた。エルザのブティックは1954年に事業不振で閉店。引退後はチュニジアで過ごすことが多く、83歳にパリで没した。

　エルザのデビューから50年ほど後に、イタリア人デザイナーの**ミウッチャ・プラダ**が、祖父が立ち上げた革製品の会社で働き始める。実は、この2人にはいくつもの共通点がある。アーティストとコラボレーションを行い、知性とウィットを生かしてファッション業界をしなやかに渡り歩いた。女性を縛り付けていた古いしきたりを遊びに変え、揶揄し、打ち破っている。ミウッチャのスタイルには、エルザの気配も感じられる。唇や昆虫が散りばめられたドレスや、新たな素材に挑戦する姿勢がそれだ。2012年には、ニューヨークのメトロポリタン美術館コスチューム・インスティテュートで、エルザとミウッチャをテーマにした展覧会「インポッシブル・カンバセーションズ」が開催され、2人が芸術や政治、女性について「会話」する映像作品が展示された。

ミウッチャ・プラダ

ファッション・デザイナー
1949-
イタリア

　パントマイムを学び、イタリア共産党のメンバーになり、社会学の博士号を持ち、女性の権利のために活動した。そんな異色の経歴を持つミウッチャ・プラダだからこそ、斬新なデザインを世に送り出して、110億ドルを超える純資産を築くことができたのだろう。

　29歳のときにミウッチャは、一族が経営する高級皮革製品の会社で働くようになる。同じ時期に、後の夫でありビジネスパートナーとなるパトリツィオ・ベルテッリとも出会った。彼女は老舗ブランド「プラダ」の立て直しを図りながら、1985年にナイロン製の黒のバックパックを発表。これが爆発的な人気を博した。

　1988年にレディスウェアを誕生させるが、ミウッチャのスタイルは、イタリアのほかのデザイナーのものとはまったく異なっていた——コレクションにモダニズムを加え、あえて「可愛くない」服を作り、知的で実用的なものにしたのだ。1993年には姉妹ブランド、「ミュウミュウ」（ミウッチャの愛称）を立ち上げ、同年メンズウェアにも進出。優れたビジネスセンスと一流の審美眼で、いくつもの企業を買収しながら事業を拡大させていったが、ミウッチャが楽しむ姿勢を忘れたことはない——オフィスには芸術家カールステン・ヘラーが取り付けた滑り台があり、気分の良い日にはミウッチャがそれを滑って出かけていたことはよく知られている。

　1993年にプラダ財団という現代美術の財団を設立し

て以来、ミウッチャは芸術への愛を前面に出すようにな
った。アニッシュ・カプーアやルイーズ・ブルジョワ、
サム・テイラー=ウッドなどの展覧会を主催したり、ミラ
ノに美術館を建てて一般に公開している。ちなみに、美
術館のデザインを手がけたのはオランダの建築家レム・
コールハースだ。

　ドイツ人デザイナーの**ジル・サンダー**は、ミウッチャ
同様にミニマリストとしての美学と、ハイテク・ファブ
リックへの愛を持っている。彼女が手がけたデザインや
パーソナルスタイルも、明らかにミウッチャの初期コレ
クションに影響を受けている。ミウッチャもジルの実力
を認めて、1999年にはジル・サンダーの会社の支配株
主となった。ビジネスを巡って何度も衝突した後——ジ
ルはプラダ・グループを3度辞任し、2度は復帰してい
る——、ミウッチャは2006年に、買収時よりも価値が
上がった状態でジル・サンダー社を売却した。

COCO CHANEL

ココ・シャネルの人となりと、彼女が手がけた
「リトル・ブラック・ドレス」はミウッチャに影響を与えた

MIUCCIA
PRADA

JIL SANDER
ジル・サンダー

ファッション・デザイナー
1943-
ドイツ

　極限まで無駄を省いたデザインから、「ミニマリストの女王」として知られるジル・サンダー。特徴的なスタイルで、ファッション界の第一線に立ち続けてきた。

　子どもの頃から独自の美学を持っていたジルは、教師から禁止されても、母親が縫ったコーデュロイシャツにズボンをはいて学校に通っていた。24歳でブランドを立ち上げたときには、母親がシャツを縫ったミシンを使った。

　ファッション業界で基礎訓練を受け、母国ドイツとカリフォルニア大学でテキスタイルについて学んだ。その後、ニューヨークのファッション誌でジャーナリストとして働いていたが、21歳のときに父親が他界したためドイツに帰国する。

　「ジル・サンダー」の名で手がけた初のコレクションでは、派手な色やプリントは用いないクリーンなラインと、きらびやかな装飾を組み合わせた。シルエットはメンズ

ウェアのもので、異なる組み合わせによって、様々な見た目や場面で着られる上下に分かれた服を作るなど、早い段階から実用性を重視したデザインを打ち出していた。彼女は流行に左右されたりはしなかったが、時代を超えたスタイルで、根強いファンを獲得。1980年代後半から脚光を浴びるようになり、世界的な人気を博していった。

1999年には、ジル・サンダー社の全株式の75％をプラダ社に売却するが、ジルは会長とデザイナーの責任者として残った。しかし、プラダのパトリツィオ・ベルテッリCEOと衝突し、2000年にデザインチームの多くのスタッフとともに辞任。2003年に復帰したが、翌年に再度ブランドを去った。その後日本のユニクロと手を組み、2011年まで「+J」なるコレクションで機能的なウィメンズとメンズのウェアを展開。2012年には自身のブランドに復帰したが、2013年に辞任している。

ジル・サンダーは**ココ・シャネル**の熱心なファンだ。ココもシンプルで統一感のあるスタイルを好んでいた。機能美を重視したココは、「家を出る前に鏡を見て、身につけているものを1つ外しなさい」という言葉を残している。ジルと同様に、彼女も男性用ファッションの要素をデザインに取り入れ、見せびらかすようなスタイルよりも、洗練された中にある隠れた豪華さを好んだ。

JIL
SANDER

COCO CHANEL

ELSA SCHIAPARELLI

ココ・シャネルと**エルザ・スキャパレッリ**は伝説のライバルだ

COCO CHANEL
ココ・シャネル

ファッション・デザイナー
1883-1971
フランス

　ハットピンのように鋭利な頭脳を持つココ・シャネルは、ファッション界で、女性の服装、香り、振る舞いを大きく変える活躍をした。

　ガブリエル・"ココ"・シャネルは、貧しい家に婚外子として生まれた。両親と4人のきょうだいとともに、フランスのブリーヴ=ラ=ガイヤルドにある一部屋だけの小さなアパートに暮らしていた。12歳のときに母親が亡くなると、姉妹たちとともに修道院付属学校に送られる。ここでココは裁縫を学んだ。その後、キャバレーで歌を披露していたが、裕福な繊維業者の跡取りであるエティエンヌ・バルサンに見初められ、上流階級の退廃的な暮らしを経験する。さらに、イギリス人の実業家アーサー・カペルの恋人となり、1913年にアーサーから資金提供を受けてブティックを出店。当時では考えられないようなジャージやトリコットといった素材をファッションに取り入れ、ドーヴィル、ビアリッツ、パリと店舗を増やしながら販売していった。ビジネスは順調で、1916年にはアーサーに原資を返せるほどになった。その3年後には、職業を「クチュリエール」として登録された。

　1920年代になると、ココはファッション界に革命をもたらす。女性がダンスや恋、自動車の運転、仕事もできるような服を手がけていったのだ。バイアス・カット、スパゲッティ・ストラップ、たなびくように長いイブニング・スカーフ、ブルトン・シャツ、ノーカラー・ジャケット、ボーイッシュなヘアカット、日焼け、コスチューム・ジュエリー。今では当たり前のように存在しているこれらのものを、ココは次々と世に送り出していく。中でも「リトル・ブラック・ドレス」はとくに有名だ。

　シャネル帝国はどんどん発展し、1927年までにはパリの1つの通りに5つの不動産を所有するほどだった。ココの香水「シャネルNo.5」は世界中で人気を集め、ピエール＆ポール・ヴェルタイマー兄弟とライセンス契約をするが、後に彼らとこの製品を巡って争うことになった。

　ココのライフスタイルは常軌を逸していた。コカインやモルヒネを常習し、貴族や著名人らとの恋愛を楽しんだ。第二次世界大戦中には、愚かにもナチスの将校ハンス・ギュンター・フォン・ディンクラーゲと交際して、スパイ活動にも関与した。ココはドイツに協力的だったため、終戦後にフランスの粛清委員会に尋問されたが、ほどなく解放された。ウィンストン・チャーチルの介入があったのではないかとも見られている。ココは、イギリスのトップクラスの中にナチス支持者がいたという情報を握っていたため、なんらかの力が働いたのかもしれない。

　1954年までスイスに亡命していたが、70歳でフランスのファッション界に舞い戻り、再び成功を収めた後、1971年に死去。葬儀には、シャネルスーツに身を包んだ人々が参列した。

　作家の**コレット**も、ココと同じパリのコミュニティにいた。彼女は、紆余曲折の末にココにサマーハウスを売却したこともある。ココはコレットを「教養豊かな女性」と評し、「私が惹きつけられた女性作家は2人だけ。マダム・ド・ノアイユとコレット」と語っている。対するコレットはココについて「すべての人間の顔が何かの動物に似ているのなら、マドモアゼル・シャネルは小さな黒い雄牛だ」と書いている。

COLETTE

コレット

作家
1873-1954
フランス

　甘く官能的な文学作品を残したコレットは、パリの裏社交界（ドゥ・ミ・モンド）の模様を詳しく描いて、世間に驚きと興奮を与えた。そして、自身の人生も甘く官能的なものだった。

　シドニー＝ガブリエル・コレットは、ブルゴーニュ地方の田舎町で生まれた。育った環境は叙情的な美しさと現実の厳しさが入り交じり、後の彼女の人生を表しているようでもあった。

　20歳で、13歳年上のアンリ・"ウィリー"・ゴーティエ＝ヴィラールと激しい恋に落ち、結婚。作家で批評家でもあった夫は彼女をパリへと連れていき、退廃的なパーティや知的な人々の集うサロンに同伴した。やがてコレットは、アンリによって部屋に閉じ込められるようになり、小説を書かされる。彼女が、少女たちの性愛模様を描いた半自伝的な内容の『クロディーヌ』シリーズを4編執筆すると、アンリは自分の名でそれらを刊行した。印税を渡さないどころか浮気が激しかったアンリとの離婚を決めたコレットは、各地の演劇場の舞台に立って生活費を稼ぎ、『クロディーヌ』の一場面を演じることもあ

った。この頃のコレットは、男装で生活する"ミッシー"ことベルブーフ公爵夫人と恋仲にあった。

　その後、『さすらいの女』を発表。離婚した女性が旅芸人になるという自伝的な内容で、批評家たちから絶賛され、作家として名が知られるようになる。1912年には、コレットが寄稿していた『ル・マタン』紙の編集者アンリ・ド・ジュヴネルと再婚し、娘コレット＝ド・ジュヴネル（あだ名はベル＝ガズー）を出産する。結婚したことでより執筆に専念できるようになったコレットは、1920年に『シェリ』を上梓。親子ほど年の離れた青年と恋をする女性が主人公で、こちらも自身の体験が元になっていたと思われる。実際、コレットは夫の16歳の連れ子と関係を持ち、それが原因で1924年に離婚した。

　1935年、モーリス・グドケと再々婚、この結婚は生涯続いた。コレットが代表作の1つ『ジジ』を書いたのは71歳と、晩年に入ってからだった。若き高級娼婦が大富豪の御曹司と結婚するという本作は、1951年にまだ新人だったオードリー・ヘプバーンの主演で舞台化さ

れている。1958年には映画にもなり、こちらはレスリー・キャロンが主役を演じた。コレットは81歳で他界し、フランスで初めて国葬された女性となった。

　同じくフランス人作家の**シモーヌ・ド・ボーヴォワール**は、学生時代にコレットの作品を求めてパリ中の書店を巡り歩いた。彼女はコレットの描く女性心理の洞察を高く評価しており、自身の作品でも触れている。『第二の性』では、コレットの作品が22カ所も引用されている。

AUDREY HEPBURN

GERTRUDE STEIN

コレットはガートルード・スタインと仲が良かった

ブロードウェイ版『ジジ』では

オードリー・ヘプバーンが主役を務めた

SIMONE DE

ISADORA DUNCAN

GERTRUDE STEIN

MARIE CURIE

『第二の性』には、**イサドラ・ダンカン、ガートルード・スタイン、マリ・キュリー**らが影響力のある女性として紹介されている

SIMONE DE BEAUVOIR

シモーヌ・ド・ボーヴォワール

哲学者、作家／1908-1986　フランス

　作家として活躍した知識人で、フェミニストの草分け的な存在であるシモーヌ・ド・ボーヴォワールは、自らの哲学に従って生きた人物だ。

　幼い頃は信心深く、修道女を志していた。中産階級の家庭ではあったが、暮らしが不安定だったため、両親は娘が自立できるようにと教育に力を入れた。早熟で聡明な子どもだったシモーヌは、数学と文学を学んだ後、ソルボンヌ大学で哲学に没頭し、そこでクロード・レヴィ=ストロース、モーリス・メルロ=ポンティ、ジャン=ポール・サルトルら思索的な学生と出会うことになる。そして、シモーヌはサルトルと恋に落ちた。2人は結婚こそしな

かったが、1980年にサルトルが亡くなるまで一緒に暮らした。シモーヌらは、互いにほかの相手との関係を認める「オープン・リレーションシップ」の間柄であった。シモーヌがリセ・モリエールの教員となり、複数の生徒と関係を持った。その生徒たちをサルトルに紹介して、複雑な三角関係が形成されることもあった。このようにそれぞれ恋人を作りながらも、2人は必ずお互いのもとに帰り、支え合っていた。

　シモーヌとサルトルは、プライベートでの関係を築きながら、同時に仕事でも影響を与え合い、ジャズクラブやカフェで実存主義哲学について語り合った。シモーヌ

ベティ・フリーダンの『It Changed My Life』*には

シモーヌと**インディラ・ガンディー**が出会う場面がある

INDIRA GANDHI

SYLVIA BEACH

シルヴィア・ビーチはシモーヌの友人だった

は数々の著作を残し、代表作『第二の性』では、歴史を通して女性の地位を、哲学、心理学、文学など様々な角度から分析している。「人は女に生まれるのではない。女になるのだ」という有名な一節も、この本に登場する。

　1950年代から60年代にかけて、シモーヌとサルトルの影響力は絶大で、フランスのタバコ「ゴロワーズ」の煙のように世の中を覆っていく。実存主義のビートニク世代は、実質この2人が生み出していたようなものだった。シモーヌは、成熟していく中で「老い」について考察し、またフランスのフェミニズム運動も牽引した。1971年には「343人のマニフェスト」を立ち上げ、署

名もしている。343人のフランスの有名女性が、当時違法だった堕胎経験をオープンにすることで、中絶の合法化を求めた運動だ。サルトルが他界した6年後、78歳のシモーヌはパリで没した。

　同時期に活躍した哲学者で作家の**アイリス・マードック**も、哲学書より小説を多く発表していた。アイリスはシモーヌの熱烈なファンで、彼女の作品『レ・マンダラン』について「素晴らしい作品。壮大なスケールで描かれた小説で、勇壮でありながら正確で、その生真面目さには親しみすら感じられる」と賛辞を贈った。

* 邦題は『女の新世紀へ─アメリカ女性運動の記録（上）』

IRIS MURDOCH

アイリス・マードック

哲学者、作家
1919-1999
アイルランド

アイリス・マードックは、いくつもの作品を通じ、鮮やかで独特な方法で人の心を解体して細かにくわしく観察し、人間の意識と愛の複雑な細部をむき出しにした。

アイルランドのダブリンに生まれたアイリスは、幼い頃から歌うことが好きで、一人っ子の幸福な子ども時代を送っていた。先進的なパブリック・スクールに通った後、オックスフォード大学で古典や哲学を学ぶと、共産党組織に加わった。また哲学者フィリッパ・フットと仲良くなり、第二次世界大戦が終わるまで同じ部屋で暮らした。

戦時中は国連の救済復興機関に加わり、ベルギーとオーストリアの難民収容所で働く。終戦後はオックスフォード大学セント・アンズ・カレッジの研究員・講師となり、

1963年まで在籍した。その間に作家で文芸評論家のジョン・ベイリーと出会い、結婚する。ジョンは性的なことを嫌い、アイリスは相手の性別を問わず奔放な情事を楽しむという、変わった夫婦関係だった。

1954年に出版された初めての小説『網のなか』は、アイリスの代表作の一つとなる。その後、25作もの小説を発表しているが、中でも有名な『海よ、海』（内容は劇作家・舞台監督だった男性のメモワール）は1978年にブッカー賞を受賞している。さらに1987年、アイリスは大英帝国勲章を受勲した。

1997年にアルツハイマー病と診断され、他界するまでの2年間を夫ジョンの世話を受けて過ごした。

ブリストルの寄宿学校バドミントン・スクールで学んでいた頃、アイリスはホームシックにかかっていたが、そこで出会ったある少女も望郷の念に駆られていた。アイリスは彼女について「弱々しく、繊細で、学校生活に馴染もうと必死だった」と後述している。この少女こそ、**インディラ・ガンディー**、後にインドの首相となる人物だった。2人はオックスフォード大学サマーヴィル・カレッジで再会。インディラ死去の折りには、アイリスはニューデリーに飛び、追悼集会で講演を行っている。

チママンダは「夕食会に誰か招くことができるとしたら？」という問いに対して、大ファンのアイリス・マードックの名を挙げている

CHIMAMANDA NGOZI ADICHIE

MURDOCH

インディラ・ガンディーは**マヘリア・ジャクソン**と会ったことがある

MAHALIA JACKSON

INDIRA GANDHI

インディラ・ガンディー

政治家、首相
1917-1984
インド

インド独立運動と関わりが深いインディラ・ガンディーは、「インドの母」と呼ばれている。

インドの初代首相ジャワハルラル・ネルーの一人娘であり、独立運動の礎を築いたモーティラール・ネルーの孫娘。アラハバードで生まれ育った後、スイスへ移り住んだ。

24歳のとき、インド国民会議派の仲間だったフェローズ・ガンディーと結婚し、2子を授かるが、夫婦は離れて暮らすことが多かった。母が死去すると、インディラは父ネルーの補佐として活動。政治家を志すうえで、最高の実地訓練を受けることができた。1947年にネルーが首相に就任したことで、インディラはより強い権限を持つようになり、1959年にインド国民会議の総裁となる。ネルーの死後は、後続のラール・バハードゥル・シャーストリー内閣の情報放送大臣になり、1966年にシャーストリーが急逝するとインディラが第3代首相に任命された。

最初の数年間は困難続きだった。ただのお飾りで傀儡（かいらい）政権になるかと思われ、会議派は分裂して与党の座を失った。

インディラは1971年の総選挙で、下層カーストを取り込むために「ガリービー・ハターオー（貧困追放）」のスローガンを掲げる。これに加えて食糧自給を達成したこと、さらに同年の第三次インド・パキスタン戦争で圧勝し、東パキスタンをバングラデシュとして独立させたことで、彼女の人気は飛躍的に上昇した。3期連続で首相を務めたインディラだったが、選挙活動に違法行為があったと糾弾（きゅうだん）される。彼女は非常事態宣言を発して、反対勢力の排除を強行したが、国民からの支持が得られず1977年に会議派は大敗。それでも1980年には政権を奪還し、インディラは首相に返り咲いた。

同年、次男サンジャイを飛行機事故で亡くし、インディラは失意の底にいた。時を同じくして、シク教徒がパンジャーブ州で自治権を求め、聖地である黄金寺院を占拠。インディラは軍を投入して事態収束を図ったが、何百名もの死者が出てしまった。このことがきっかけで、1984年10月に彼女の護衛官だった2人のシク教徒から銃撃を受け、死亡した。

インディラにとって最も幸せに満ちていたのは、シャンティニケタンの学校で過ごした日々だろう。そこは、詩人ラビンドラナート・タゴールが提唱した教育方針を実践する学校で、インディラが在籍した数年後には教育者の**マリア・モンテッソーリ**が訪れ、「コスミック教育」につながる思想を得ている。インドに7年間滞在したマリアは、インディラの父ジャワハルラル・ネルーとも面会した。マリアはインドで1000人以上の教師にトレーニングを施してもいる。インドでは、今でもモンテッソーリ教育が盛んだ。

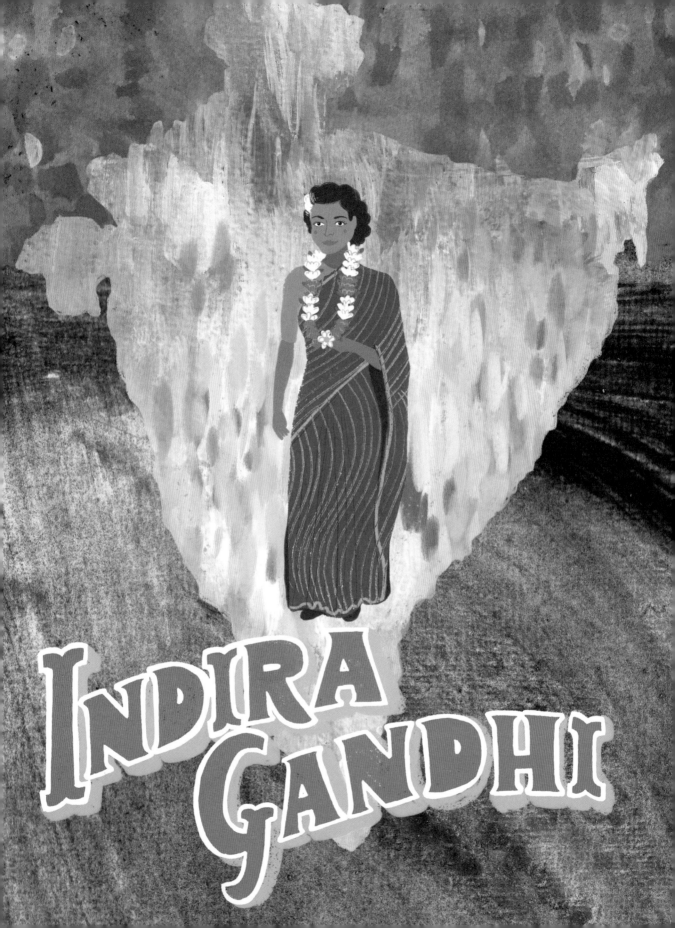

INDIRA GANDHI

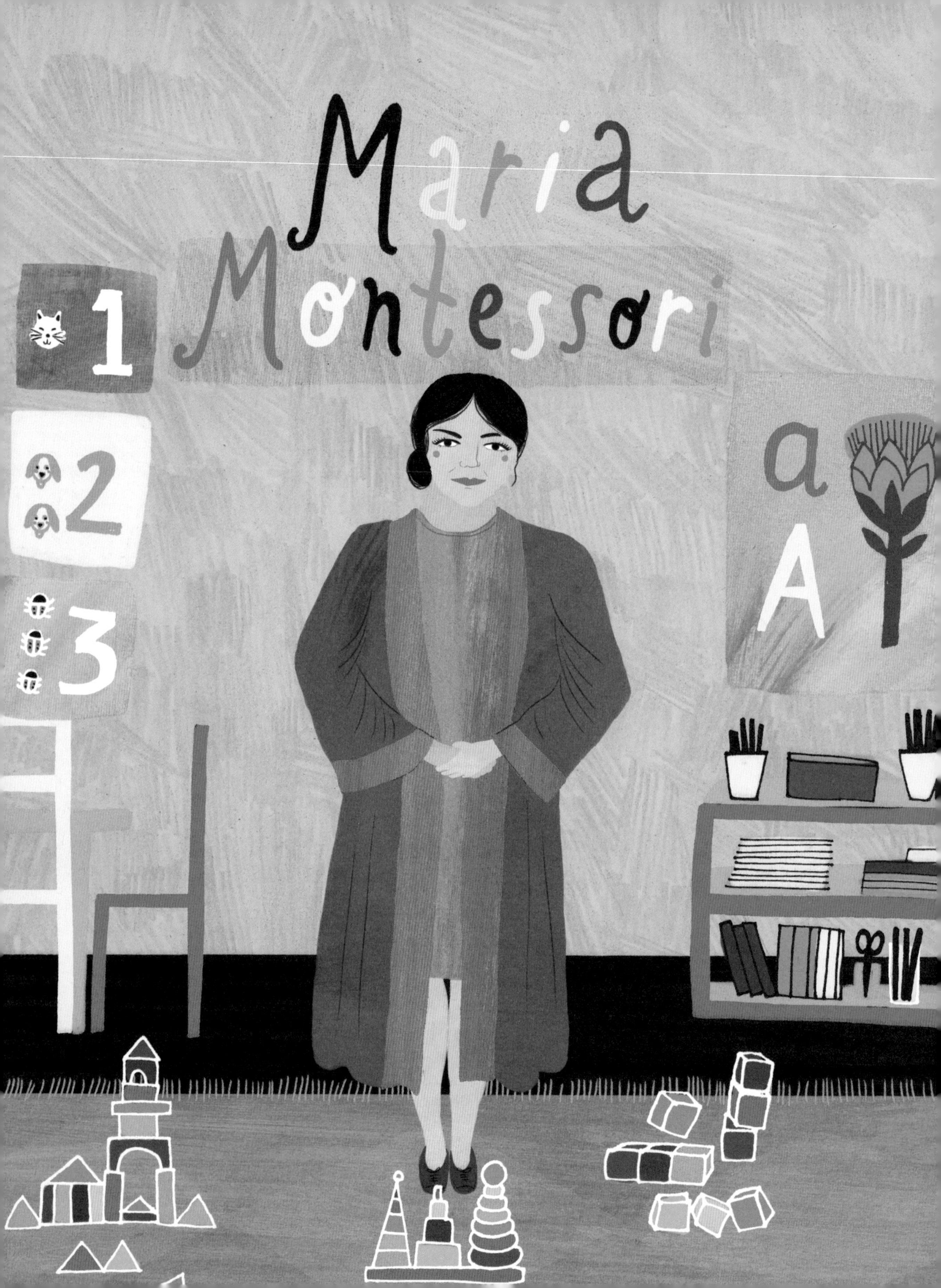
Maria
Montessori
1
2
3
a
A

MARIA MONTESSORI
マリア・モンテッソーリ

医師、教育家
1870-1952
イタリア

子どもが自ら成長できるように、先進的な教育メソッドを考案したのがマリア・モンテッソーリだ。彼女の高度に合理的な考え方と、愛と平和の促進を求める気持ちが組み合わさったそのメソッドは、世界中の進歩的な教育を行う学校の規範となっている。

幼い頃から聡明で強い意志を持っていたマリアは、女性だからと自分の夢を諦めたりはしなかった。エンジニアを志して、生徒が男子だけの技術学校に通い始めるが、医師になろうと思い立ってローマ大学に出願する。

入学は許可されたが、大学での経験は厳しいものだった。女性であるというだけで、嫌がらせを受け、被害を受けることもあった。しかし辛抱の末に医学博士号を取得し、ローマ大学初の女性医師となる。28歳のときに婚外子の息子マリオを産むが、医師として働き続けるために養父母に託した。後にマリオは、マリアの事業を手伝うようになる。

その後、学習障害をもつ子どもたちの教育について研究を行い、初期の教育哲学を形づくりながら、講演を行ったり、論文を発表したりした。ローマ大学で哲学と心理学を学ぶと、ローマの貧困家庭向けの保育施設で監督、指導にあたった。この「子どもの家」で、モンテッソーリ教育法が生まれていった。子どもでも動かせる大きさの家具に、開放感がある広々とした教室。体を動かす時間が設けられ、日常生活の練習をさせる。子どもは個人

として尊重され、自ら選択することができ、責任も持つ。この方法はたちまち支持を集め、同様の施設が次々と開かれて、地域一帯にマリアの教育メソッドが広まった。マリアは専門の教育者として、様々な国を飛び回るようになる。世界中でモンテッソーリ学校が開設されていった。

マリアは、女性の権利を向上させることにも情熱を燃やし、イタリアだけでなく、世界中で女性運動に携わっていく。ムッソリーニが、教育を通して平和を実現するというマリアの活動に強く反対していたため、1934年に彼女は息子を連れて亡命。スペインのバルセロナ、イングランド、オランダ、インドと、様々な国に滞在した。

晩年になると、アムステルダムを拠点に、ヨーロッパやインドを訪れる生活を送った。教育界の第一人者としてノーベル平和賞に6回ノミネートされ、ほかの様々な賞も受賞。81歳のときにオランダで没した。

マリアの教育を受けて聡明な子どもたちが育っていったわけだが、彼女がアムステルダムに開いた学校の一つに**アンネ・フランク**も通っていた。頑固でおしゃべりなアンネには、モンテッソーリの教育がふさわしいと両親が考えたのだ。教師たちは、アンネが遊ぶことが大好きで、いつも素晴らしいアイディアを持つ少女であったことを覚えていた。

125

映画版『アンネの日記』が製作されたとき、オードリー・ヘプバーンはアンネ役の出演依頼を受けた

ANNE FRANK

アンネ・フランク

『アンネの日記』作者
1929-1945
ドイツ

　歴史上で最も有名な10代といえば、アンネ・フランクだ。悲劇的な人生を歩みながらも、多くの人に勇気を与えた彼女は、ナチスから身を隠し、見つかる恐怖に怯える生活、そして少女の葛藤やときめきを日記に残した。

　アンネは、ドイツのフランクフルト・アム・マインに生まれる。フランク一家は、第三帝国の反ユダヤ主義政策から逃れてアムステルダムへ亡命。賢くていたずら好きなアンネは、学校でおしゃべりをしすぎたために罰を受けたこともあった。

　アンネが11歳のときに、ナチスがオランダを占領。ユダヤ人の就労や夜間外出を禁止し、「黄色い星」の着用を強要するなど、ユダヤ人を苦しめる法律にフランク一家も従わされていた。

　1942年6月、アンネは13歳の誕生日に父オットーから日記帳を贈られ、すぐに日々の暮らしを綴り始めた。その1カ月後に、姉マルゴットのもとに労働キャンプへの招集令状が届き、一家は隠れ家に潜伏することにする。隠れた場所はオットーのオフィスの上の階で、歯科医のフリッツ・プフェファーやファン・ベルス一家と暮らした。アンネはそこで、16歳のペーター・ファン・ベルスと恋仲になる。

　アンネは、隠れ家での生活を記録していった。同居人たちの間で起こるいざこざ、不満、希望や願望、戦争への恐怖、ジャーナリストになる夢、姉との関係などが日記に書かれている。

　1944年、ヨーロッパ大陸をナチスの支配から解放す

るために、連合軍がノルマンディに上陸する。アンネはこのニュースに興奮するも、2カ月後に隠れ家の住人たちは見つかってしまう。アウシュヴィッツ＝ビルケナウ強制絶滅収容所に送られたアンネは、そこで丸坊主にされ、腕にタトゥーを入れられる。空腹に苦しみ、ガス室に送られる恐怖に怯えた。ベルゲン・ベルゼン強制収容所に移されるとチフスにかかり、姉とほぼ同時期に亡くなった。15歳の若さだった。

　終戦後、フランク家の生還者は父オットーだけだった。彼はアムステルダムに戻ると、元秘書のミープ・ヒースからアンネの日記を受け取る。ヒースは、隠れ家で日記帳を見つけていたのだ。オットーはその日記を編集し、1947年に出版。世界中で読まれ、アンネはホロコースト犠牲者のシンボルとなった。過酷な状況でも勇気と粘り強さを失わなかった人物と称えられる一方で、家族や人生に不満を抱える10代の共感も集めていった。

　父オットーはアンネの残した遺産を大切に守った。日記の出版による利益を、博物館「アンネ・フランクの家」の維持費に充てながら、人種差別に対する教育を行い、ナチスによる悲劇を次世代に伝え続けた。

　アンネのほかにも、10代で書いた日記が世界中に影響を与えた女性がいる。**マララ・ユスフザイ**だ。彼女は匿名のブログで、教育を受ける機会を守るためのタリバンとの闘いを明かしていた。「パキスタンのアンネ・フランク」とも呼ばれるマララには、その道徳心と勇気を称えて、2014年1月にアンネ・フランク賞が授与されている。

マララがビデオメッセージを公開した「世界女性サミット」では、メリル・ストリープも講演している

MALALA YOUSAFZAI

マララ・ユスフザイ

人権活動家
1997-
パキスタン

　どんな人間が自国の政権を握ろうとも、マララ・ユスフザイは子どもたちが教育を受ける権利を主張し続けている。武装勢力タリバンに襲撃されたことで、世界中に知られるようになり、襲撃によって、すべての少女が学校に通うべきだという彼女の気持ちも一層強まった。

　11歳だったマララは、タリバンの支配下にあったパキスタン北西部スワト渓谷での暮らしをブログ上に匿名で公開し、学校に通いたいという気持ちや少女たちへの教育の必要性などを訴えた。その1年後、テレビのインタビューに応じて公に姿を表し、14歳でパキスタン政府平和賞を受賞した。

　タリバンは、女子に対する教育を声高に主張するマララを敵視していた。2012年、15歳だったマララは、スクールバスに乗り込んできたタリバン兵から銃撃される。頭に銃弾を受けたものの一命を取りとめ、治療のためにイギリスに移された。回復後はエジバストンの学校に通い始める。この事件がきっかけで、より多くの支援を得るようになったマララは、学校に通いながら、世界を飛び回って普通教育の必要性を訴えていく。16歳の誕生日には、世界中から500人もの若者を集めて、国連でイベントを行った。マララの自伝はたちまちベストセラーとなり、彼女を描いたドキュメンタリー作品も作られた。

EMMA WATSON

エマ・ワトソンのスピーチを聞いてから、マララはフェミニストを名乗るようになった

2014年には、史上最年少でノーベル平和賞を受賞。当時のパキスタンのナワーズ・シャリーフ首相は、「彼女の偉業は前例がなく、無類のものだ。世界中の少女少年たちは、彼女を見習って奮闘してほしい」と述べた。

18歳の誕生日には、レバノンにシリア難民の少女たちのための学校を開き、世界のリーダーたちに軍事費用を教育のために使うべきだと訴えた。2017年には国連平和大使に就任し、女子教育を推進。自身も勉強を続けながら、様々な国や地域を回っては、行動を起こすように人々に求めている。

2015年、マララはアメリカで最も影響力を持つ女性と協力して、あるキャンペーンを始めた。その女性とは、当時のファースト・レディ、ミシェル・オバマである。2人は、世界中にいる教育を受けられない少女たちへの支援を求めて「#62MillionGirls（6200万人の少女たち）」というキャンペーンを展開し、ニューヨークで音楽フェスティバルを開催してスピーチを行った。そこでマララは、「子どもの人生を変えられるのは、1冊の本と1本のペンであり、銃ではありません」と語った。

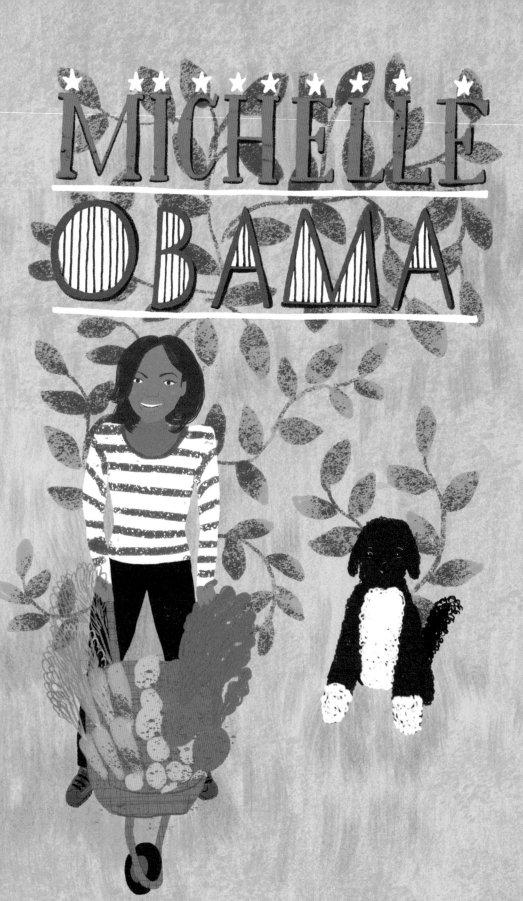

BEYONCÉ

ミシェルはビヨンセの友人である

NICHELLE NICHOLS

バラクは10代の頃にニシェル・ニコルズのファンだった

GLORIA STEINEM

グロリア・スタイネムも「ファースト・レディへ、愛をこめて」に寄稿した

MICHELLE OBAMA
ミシェル・オバマ

元大統領夫人、弁護士
1964-
アメリカ

　弁護士、作家、活動家のミシェル・オバマは、夫バラクのアメリカ大統領就任によって注目を浴びることになった。ファースト・レディとして、知性と思慮深さ、そしてユーモアのある態度を崩すことはなかった。

　イリノイ州シカゴ出身のミシェルは、簡素な平屋建ての家で暮らしていた。ミシェルと兄はリビングで寝ていた。裕福ではない家庭環境ながら、一家は仲が良く、幸せだった。教育熱心な両親に育てられ、高校では飛び級クラスに在籍していた。プリンストン大学で社会学を専攻し、その後、ハーバード法科大学で法律を学ぶ。

　シドリー・オースティン法律事務所に勤務しているときに、インターン生だったバラク・オバマと出会う。1992年に結婚し、2人の娘マリアとサーシャが生まれた。その後、ミシェルはシカゴ市役所で働き、若者を支援す

る非営利団体の支部局長を務め、シカゴ大学のコミュニティ・サービス・プログラムに携わっていく。

　バラクが政治家としてのキャリアをスタートさせたのは、1996年のことだった。イリノイ州の上院議員に当選し、2005年には民主党の新星として連邦上院議員に選出。2007年に大統領選に出馬する意向を固めたため、ミシェルは自身の仕事を減らして、夫の片腕として選挙のキャンペーンをこなしていった。自身で書いた原稿をほとんど見ることなくスピーチした。また、皮肉とユーモアを交えて家族のエピソードを披露し、話題を呼んだ。2009年にバラク・オバマ大統領が誕生し、ミシェルはファースト・レディとなる。

　ミシェルはその立場を生かして、世の若者を支援し、勇気づけていった。彼女が最初に手がけたキャンペーン

ビリー・ジーン・キングは「レッツ・ムーブ！」キャンペーンを賞賛していた

『ウィー・ウィル・ライズ』*で、ミシェルは友人メリル・ストリープと共演した

BILLIE JEAN KING

MERYL STREEP

EMMA WATSON

エマ・ワトソンは「ミシェルから励ましの言葉をかけてもらえたら」と語っていた

の一つが、ホワイトハウスに家庭菜園とミツバチ箱を設置することだ。ここで作られたものは家族の食卓にのぼったり、フードバンクに寄付されたりした。この運動は、後に出版されたミシェルの著書『アメリカン・グロウン』にまとめられている。ほかにも「レッツ・ムーブ！」というキャンペーンを立ち上げ、若者たちに体を動かすように呼びかけたり、兵士や退役軍人とその家族を支援する「ジョイニング・フォーシズ」、若者たちに大学や職業学校に進むよう促す「リーチ・ハイヤー」などにも取り組んだ。ファースト・レディとして、その見た目や政策、私生活について絶えず批判にさらされたが、彼女はそれらを持ち前のウィットと知性でかわしていった。親しみやすく、キャンペーンに熱心で、子どもを愛する母親と

いうのが、ミシェルのファースト・レディ像だった。しかし、その卓越したスピーチ力、深い知性を持つ彼女でも、大統領に立候補することはなかった。

2017年にミシェルがホワイトハウスに別れを告げたとき、『ニューヨーク・タイムズ』紙は「ファースト・レディへ、愛をこめて」と題した特集を組んだ。そこでは、フェミニストのグロリア・スタイネム、女優のラシダ・ジョーンズ、作家の**チママンダ・ンゴズィ・アディーチェ**などが、彼女に対して感謝の文章を綴っている。チママンダは、「ミシェルには『怒れる黒人女性』という『役割』が当てられていた」とも書いている。

*『ウィー・ウィル・ライズ』：CNN が 2016 年に制作したドキュメンタリー

CHIMAMANDA NGOZI ADICHIE

チママンダ・ンゴズィ・アディーチェ

作家／1977- ナイジェリア

小説やエッセイ、影響力抜群のスピーチで、フェミニズム運動に勢いを与えたのがチママンダ・ンゴズィ・アディーチェだ。

ナイジェリア南東部のエヌグ出身。父親はンスカにあるナイジェリア大学で統計学が専門の教授を務め、母親は同大学で女性初の教務課職員となった人物だ。

チママンダは19歳で渡米し、フィラデルフィアのドレクセル大学に通った後、東コネティカット大学に籍を移した。ジョンズ・ホプキンズ大学で文章創作を学ぶと、プリンストン大学、そしてハーバード大学のフェローとなる。1997年に最初の詩集『ディシジョンズ』、1998年に戯曲『フォー・ラブ・オブ・ビアフラ』を発表し、2003年には初の小説『パープル・ハイビスカス』で一

躍人気を博す。ナイジェリアの少女が崩壊する家族に苦しみ、成長していく物語で、2004年にはオレンジ賞（現在の「女性小説賞」）の最終選考に残った。次の小説『半分のぼった黄色い太陽』はさらに評判を呼び、2013年には映画化されている。

しかし、チママンダの名を世に轟かせたのは、スピーチだ。2009年、彼女はTEDトークで「シングルストーリーの危険性」というスピーチを披露する。語り手というものがいかに誤った方向に導くかを明かしながら、多文化的な表現の大切さを訴えた。さらに、2回目のTEDトーク「男も女もみんなフェミニストでなきゃ」の反響もすさまじく、ネット上で爆発的な話題となった。これは21世紀を代表すべき堂々たるフェミニズム定義であ

り、書籍化されるとただちにベストセラーとなる。スウェーデン政府は、この本をすべての16歳に配布した。

　チママンダは、医学部教授のイヴァラ・エセゲ博士と結婚している。子どもが1人おり、メリーランド州のボルチモア郊外に暮らすが、ナイジェリアにも家を持っている。様々なことを成し遂げた彼女だが、今後もさらなる活躍を見せてくれることだろう。

　『男も女もみんなフェミニストでなきゃ』のメッセージは、**ビヨンセ**の『***フローレス』という曲に使用されたことで、さらに人気を集めた。この曲は2013年のアルバム『ビヨンセ』に収録されており、チママンダも自身のスピーチがさらに話題になったと歓迎した。ビヨンセを「偽のフェミニスト」だと批判する人もいるが、これに対してチママンダは「フェミニストだと名乗る人は誰だって、絶対にフェミニストだ」と述べている。

『タイム』誌の2015年版「世界で最も影響力のある100人」に、**チママンダ**、**エマ**、**ミスティ**が選ばれた

EMMA WATSON

MISTY COPELAND

アンジェラ・デイヴィスは、ビヨンセが『***フローレス』で
チママンダのスピーチを引用したことを高く評価した

ANGELA DAVIS

NINA SIMONE

ビヨンセは、**ニーナ・シモン**が1967年に発表した
アルバム『シルク＆ソウル』を曲中で取り上げている

BEYONCÉ
ビヨンセ

シンガーソングライター
1981-
アメリカ

　音楽界に君臨する女王ビヨンセ、愛称「Bey（ビー）」は、ミュージシャンや女優として名高いだけでなく、活動家、慈善家としても活躍している。彼女のおかげで、若い女性を中心にフェミニズム運動が世間に広まった。

　テキサス州ヒューストンに生まれ、5歳でマイケル・ジャクソンのパフォーマンスを目の当たりにして、人生の目標を決めた。8歳になる頃には「ガールズ・タイム」というガールズ・グループを結成。10代になると、父マシュー・ノウルズがマネージメントを務めるようになる。1997年に「デスティニーズ・チャイルド」の一員としてデビュー。メンバーの入れ替わりを経て、ビヨンセ、ケリー・ローランド、ミシェル・ウィリアムズで黄金期を迎える。『ブーティリシャス』『ビルズ・ビルズ・ビルズ』『サヴァイヴァー』といった曲で人気を博した、3人組アーティストの代表格とも言える存在だ。ビヨンセは、ほとんどの曲に「共同ソングライター」として関わっている。

　2003年にビヨンセ初のソロアルバム『デンジャラスリィ・イン・ラヴ』がリリースされると、全世界で1100万枚を超えるセールスを記録する。2005年にデスティニーズ・チャイルドのラスト・ツアーが行われ、その後ビヨンセは素晴らしいソロキャリアを築いていく。精密で媚びないダンス、技術的にも優れた、聴く者の感情を揺さぶるボーカル。そしてステージ上での揺るぎない存在感。彼女のパフォーマンスは圧巻だ。2006年には映画にも出演し、『ドリームガールズ』ではダイアナ・ロスをモデルにした役で主演を務めた。

　2008年、18歳の頃に出会ったミュージシャン・起業家のジェイ・Zと結婚する。3人の子どもに恵まれるも、夫婦の間にトラブルが起こることもあった。2016年のアルバム『レモネード』では、そのことがほのめかされている。とはいえ、実際に何が起こったかは、2人だけにしかわからないことだ。

　ビヨンセの作品には時代を反映したものが多く、『クレイジー・イン・ラブ』『シングル・レディース（プット・ア・リング・オン・イット）』『ラン・ザ・ワールド（ガールズ）』は、ダンスミュージックを超えた、現代の文化を牽引する一つの思想にすらなっている。また彼女は、自身の名声を、より良い世界を実現するために役立てている。ハリケーン・カトリーナの被害者を救うために「サバイバー財団」を設立。薬物問題に取り組む慈善団体に大金を寄付し、友人ミシェル・オバマの肥満防止キャンペーンにも参加している。パフォーマンスに政治的なメッセージを込めることもある。スーパーボウルのハーフタイムショーでは、政治組織「ブラックパンサー党」を思い起こさせるパフォーマンスを見せた。警官の黒人射殺事件や、トランプによるトランスジェンダー生徒を保護する指針の撤回などに対しても、怒りをあらわにした。

　そんなビヨンセが敬愛してやまないのが、1920年代に活躍したダンサー、**ジョセフィン・ベイカー**だ。2006年のファッション・ロックスで、ビヨンセはジョセフィンのバナナ・スカートを模した衣装を着用している。アルバム『ビー・デイ』も、彼女から刺激を受けて作られたものだそうで、「ジョセフィンは何もかもが本当に自由で、心でダンスをしているように見える」と語っている。

JOSEPHINE BAKER

ジョセフィン・ベイカー

歌手、ダンサー
1906-1975
アメリカ

　ステージの上でも、私生活でも、ジョセフィン・ベイカーは勇敢だった。ジャズ・エイジのセンセーショナルなパフォーマーとして活躍しながら、戦時スパイとしての裏の顔も持っていた。

　ミズーリ州セントルイスで、ドラマーの父とミュージックホールの元ダンサーの母の間に生まれ、8歳の頃には働いて家計を支えていた。11歳でイースト・セントルイスの人種暴動を目撃したことが、後に差別撤廃運動に熱心に携わるきっかけとなった。15歳になる前に家出し、その後、結婚と離婚を経験する。

　ジョセフィンはダンスの才能に恵まれていた。路上で踊り、コーラスラインに参加して巡回公演を行い、訪れたパリの寛大な雰囲気に魅せられた。1925年、羽根でできたスカートしか身にまとわないセクシーな一団「レビュー・ネグロ」に加わる。翌年にはフォリー・ベルジェール劇場で、16本の作り物のバナナでできた、かの有

名なスカートをはいて出演した。彼女はヨーロッパにおいて「エキゾティック」ともてはやされることを利用しながら、人種差別的な固定観念を打ち破っていった。舞台上にペットのチーターを連れてきたこともあった。フランスでは、彼女のショー、映画、レコードは大変な人気を博したが、差別と偏見の強い祖国アメリカでは同様の反応は得られなかったため、ジョセフィンは実業家のジャン・リヨンと結婚し、フランス市民権を取得する。

　第二次世界大戦中、ジョセフィンはレジスタンス運動に携わった。それまでのキャリアを生かしてドイツ人の支配層が集まる場所に出かけ、様々な国を行き来した。メモを下着に隠し、あぶり出し用のインクを使ったメッセージで、情報を集めていった。その勇気が称えられ、レジオンドヌール勲章シュヴァリエに叙された。

　40代になると、ジョセフィンは様々な国の子ども12人を養子に迎え、古城で一緒に暮らした。数々の勲章を

手にしながらも、差別への怒りに燃えていたジョセフィンは、1949年の舞台復帰時には、以前とは違った雰囲気をまとっていた。アメリカでのツアーを大成功させ、人種差別を行うクラブでの公演を拒否し、全米黒人地位向上協会（NAACP）から、その年で最も輝いた女性に選出された。1963年にはワシントン大行進に参加し、セントルイスでの子ども時代について演説もした。

1960年代後半になると、ジョセフィンの人生は下り坂にさしかかる。離婚し、借金はふくらみ、愛する城を債権者に譲り渡さなければならなかった。それでも、彼女は有終の美を飾る——パリで芸能生活50周年を祝うショーが行われた4日後、ショーを称えるレビューが載った新聞に囲まれ、ベッドで息を引き取ったのだった。

第二次世界大戦中、同じくファシストに反抗していたのが13歳のオードリー・キャスリーン・ラストンだ。バレエが大好きな彼女は、オランダのレジスタンス運動のために、秘密のメッセージをバレエシューズの中に隠して運び、森に隠れていた連合軍のパイロットを助け、バレエのリサイタルを行って資金を稼いだ。この女性こそ、世界から愛された俳優**オードリー・ヘプバーン**である。

マヘリア・ジャクソンもワシントン大行進に参加した

MAHALIA JACKSON

BAKER

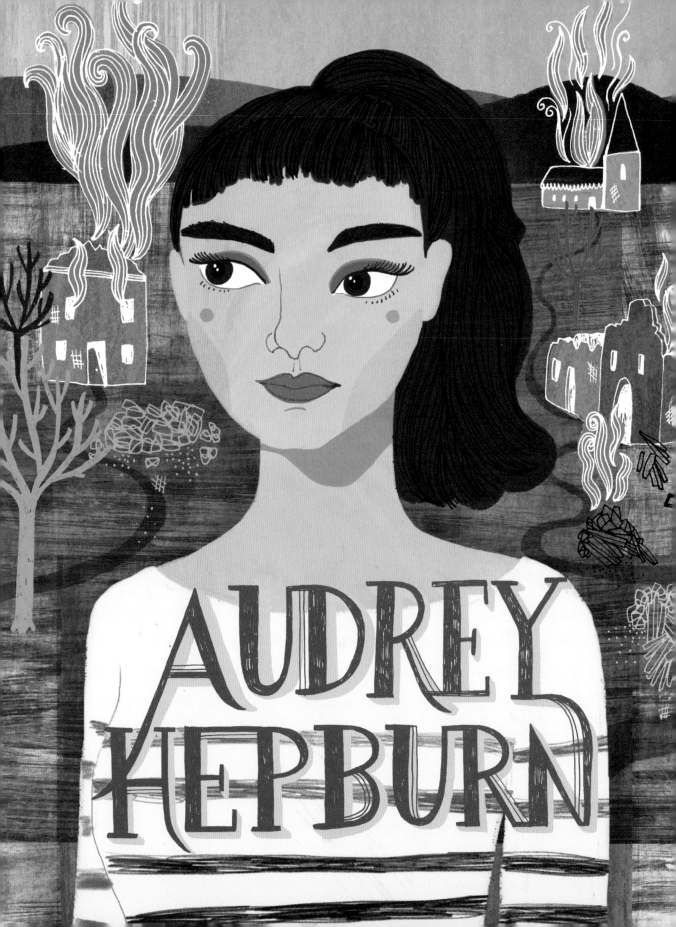

コレット原作の舞台『ジジ』はオードリーの出世作となった

COLETTE

AUDREY HEPBURN

オードリー・ヘプバーン

俳優
1929-1993
ベルギー

　豊かな才能とエレガントな雰囲気を持った、チャーミングなオードリー・ヘプバーンは、大スターになった後も、人々に共感する姿勢を失わなかった。

　オードリーはベルギーで生まれた。銀行員の父と、バロネスの称号を持つオランダ貴族の母は、オードリーが子どもの頃に離婚した。両親はともにファシズムを支持していたが、10代のオードリーはその考えに染まらず、オランダのレジスタンス運動に加わって、秘密のメッセージを運んだり、資金を稼いだりした（第二次世界大戦が勃発した頃、オードリーと母は、ドイツは攻めてこないだろうと考え、中立国オランダに移住していた）。だがドイツはオランダに侵攻し、オードリーも多くの人々とともに飢えに苦しんだ。そのためか、彼女は成長してもボーイッシュな体型のままだった。終戦後、ロンドンのバレエ団に入ったオードリーは、映画の端役に起用されていたが、出世作となったのはブロードウェイの舞台『ジジ』である。ハリウッドにも注目され、2年後『ローマの休日』の王女アン役でアカデミー主演女優賞を受賞した。

　その後も、多くの映画や舞台に出演。ブロードウェイ・ミュージカル『オンディーヌ』で、後の夫メル・ファーラーと出会い、その後2人は超大作『戦争と平和』でも共演する。夫婦の間には息子ショーンが誕生した。

　衣装デザイナーのユベール・ド・ジバンシィも、オードリーにとって重要な存在だった。『麗しのサブリナ』では、オードリーがジバンシィに衣装の一部を担当するよう説得。以降ジバンシィは、現代を舞台としたすべてのオードリー出演作品で衣装を担当している。

　表情豊か、コメディの才能、そして優雅な身のこなしで、オードリーはスターの階段を駆け上がっていった。『パリの恋人』で陽気なダンスを披露し、『尼僧物語』では悩める修道女を演じて3度目のアカデミー主演女優賞ノミネートを果たす。『ティファニーで朝食を』では「オードリーのキャリアで最も派手な役柄」とされるホリー・ゴライトリーを演じ、不動の人気を誇る『マイ・フェア・レディ』では輝かしい演技で観客を魅了した。彼女にとって最後のアカデミー賞候補となったサスペンス映画『暗くなるまで待って』では、夫ファーラーが製作に関わった。その後、ファーラーと離婚したオードリーは、1969年に精神科医アンドレア・ドッティと結婚し、1970年に息子ルカを産んだ。

　1967年以降は女優業を半ば引退し、オードリーは家族と過ごす時間を増やしていく。1989年にはユニセフ親善大使に就任。干ばつに苦しむエチオピアをはじめ、様々な国を訪れた。トルコでは児童への予防接種を呼びかけ、スーダンでは内戦が及ぼす影響について世界に訴えた。最後に訪れたソマリアで極限の飢饉を目の当たりにしたオードリーは、自身の子ども時代を思い出したのか、動揺する様子も見せた。ユニセフでの活動を称えられ、大統領自由勲章を受勲。1993年に他界した後も、その人道活動に対してジーン・ハーショルト友愛賞が授与された。

　オードリーの当たり役の一つだった『ティファニーで朝食を』のホリー・ゴライトリー。原作を手がけた作家のトルーマン・カポーティは、コラムリストで作家のメーヴ・ブレナンを、自由奔放なホリーのモデルにしたと言われる。カポーティとメーヴは友人であり、『ハーパーズ・バザー』誌や『ザ・ニューヨーカー』誌で一緒に仕事をした間柄でもある。

MAEVE BRENNAN
メーヴ・ブレナン

ジャーナリスト、短編作家
1917-1993
アイルランド

愛する第2の故郷ニューヨークを、みずみずしい文章で描いたメーヴ・ブレナン。だが、後に心を病んでアルコールに依存し、後戻りできない道を歩むことになる。

1916年イースター蜂起(ほうき)の翌年、メーヴはダブリンに生まれた。両親はともにアイルランド統一主義者で、暴力的な反乱に積極的に身を投じていた。メーヴが17歳の頃に、父親がアイルランド自由国の最初の駐米公使となったため、一家で渡米。その後、ワシントンのアメリカン大学で英語学の学士号を取得したメーヴは、ニューヨークに移り、自由思想者や酔っ払い、ボヘミアンらであふれるグリニッジ・ヴィレッジでの生活を謳歌する。

小柄なメーヴの着こなしは、いつも完璧だった。大きなサングラスに、黒い服。栗色の髪をなでつけてアップにし、愛煙家の女性向けのシャネルの香水「キュイール・ドゥ・ルシー」をつけていた。女性ファッション誌の『ハーパーズ・バザー』に記事を書いていたが、32歳のときに『ザ・ニューヨーカー』誌から声がかかった。

そこで彼女は「とりとめのないおしゃべりレディ(The Long-Winded Lady)」という筆名で、ニューヨークでの生活を描写。物憂げで辛辣で、それでいて客観的な視線で、心に響く場面を切り取った。またダブリンを舞台にした短編も発表しており、これは後に再注目を集めるようになる。

エキセントリックで、ウイットに富んだメーヴは、悪態をつきながら酒を飲み、刹那(せつな)的な日々を送ったが、そんな生活には犠牲も伴った。『ザ・ニューヨーカー』の編集者と結婚していた時期もあったが、彼女同様に享楽的な夫との生活が成り立つはずもなく、関係は5年で終止符。メーヴの精神状態はボロボロで、最初の短編集が出版される1969年には、不安定な様子を見せていた。

1970年代になるとアルコール依存症に陥り、家も失った。病院に入院しているか、『ザ・ニューヨーカー』のオフィスの外にぼーっと座っているかという状態だった。80年代には行方知れずになっていたが、1992年に老人ホームにいるところをファンが発見し、1年後に他界。その後、メーヴの作品が出版され、現在では短編の名手として評価されている。

　1925年に創刊された『ザ・ニューヨーカー』には、編集委員として**ドロシー・パーカー**が在籍していた。ドロシーはメーヴに負けないほどのウィットに富み、タバコと酒をこよなく愛し、メーヴの20年ほど前にはすでに出版業界に携わっていた。だが彼女も同じく、波乱に満ちた孤独な人生を歩んでいた。

VIRGINIA WOOLF

『ザ・ニューヨーカー』は**ヴァージニア・ウルフ**の小説も載せていた

ドロシーはメルセデス・デ・アコスタと同じ小学校に通っていた

ドロシー・パーカーは、伝説的な社交サークル「アルゴンキン・ラウンド・テーブル」の中心的な存在だった。フラッパーな詩でジャズ・エイジのニューヨークの輝きを描いてみせる一方で、自己破滅的な思いを常に抱き続けてもいた。

ドロシーが5歳になる前に、母親は他界している。父親とその再婚相手を嫌い、再婚相手のことは「家政婦」と呼んでいた。その後、死亡した父親がお金を残さなかったため、ドロシーは生活費を自分で稼がなければならなかった。最初はピアノを演奏し、後に『ヴォーグ』誌の編集に携わった。その正確な仕事ぶりが注目され、『ヴァニティ・フェア』誌で働くようになる。演劇評論を書き始めた頃、ロバート・ベンチリー、ロバート・E・シャーウッドなどとともに、アルゴンキン・ホテルで毎日のように昼食をとるようになる。参加者が10名を超すと「ザ・ラウンド・テーブル」として知られるようになり、そこでドロシーが口にする冷笑的で気が利いたコメントが新聞のコラムで紹介された。しかし毒舌が過ぎたために、1920年に『ヴァニティ・フェア』誌を解雇された。

ドロシーは、短い恋を繰り返していた。1917年に、モルヒネとアルコールの依存症だったエドウィン・ポンド・パーカー2世と結婚したが、ドロシーが何度も不倫に走り、

1928年に離婚。その後、俳優のアラン・キャンベルと2回再婚するもうまくいかず、破局を繰り返した。

　1925年、ドロシーは『ザ・ニューヨーカー』誌の立ち上げを手伝い、そこで多くの詩を発表する。戯曲や短編小説、そしてハリウッドに移った後には映画用の脚本も手がけた。脚本家として成功しかけたものの、共産党と関わりがあったためにブラックリスト入りし、1940年代後半にその夢もついえたのだった。

　ドロシーは政治活動に熱心でもあった。公民権運動を支持し、スペイン内戦の共和派を支援した。冤罪（えんざい）の疑いがあったアナーキスト、サッコとヴァンゼッティの死刑執行に抗議して、逮捕されたこともある。その後は犬と暮らし、1人で朝のカクテルを楽しむ生活を続けていた

が、遺産、著作権、印税のすべてをマーティン・ルーサー・キング・ジュニアに残して他界した。ドロシーは、実際にキングと会ったことはなかったが、彼を心から尊敬していたのだ。

　マーティン・ルーサー・キング・ジュニアは、**ニシェル・ニコルズ**の人生にも大きな影響を与えている。SFドラマ『スタートレック（宇宙大作戦）』を第1シリーズで降板したいと考えていたニシェルは、全米黒人地位向上協会（NAACP）の資金集めのための夕食会でキングと出会う。キングはニシェルに対して、テレビドラマで主役級を演じる黒人は彼女だけであり、多くの人を元気づける存在になっているのだから降板すべきではない、と説得したのだった。

DOROTHY PARKER
ドロシー・パーカー

詩人、短編作家
1893-1967
アメリカ

DOROTHY

PARKER

JOSEPHINE BAKER

ニシェルは自身のショー『リフレクションズ』で
ジョセフィン・ベイカーを称賛した

NICHELLE NICHOLS

ニシェル・ニコルズ

俳優、歌手
1932–
アメリカ

　アフリカ系アメリカ人女性として初めてのことをやってのけたのが、ニシェル・ニコルズだ。彼女は、テレビドラマ・シリーズで主演を務めたのである。

　ニシェル・ニコルズこと本名グレース・ニコルズは、イリノイ州の小さな村ロビンスで生まれ育った。父サミュエルは、村長と行政長官を務めたこともある。家族でシカゴに移り住むと、ニシェルはシカゴ・バレエ・アカデミーでダンスを学び、歌手とダンサーとして芸能活動を始める。デューク・エリントンやライオネル・ハンプトンの楽団と公演を行い、映画版『ポーギーとベス』でサミー・デイヴィス・ジュニアと共演したこともあった。舞台で主役を演じ、サラ・シドンズ賞に２回ノミネートされてもいる。

　ジーン・ロッデンベリーがプロデューサーを務めたテレビドラマ『ザ・ルーテナント』の、人種的偏見を扱った回に出演したのがきっかけとなって、ニシェルに転機が訪れる。その２年後、ロッデンベリーは、新たにスタートするSFテレビドラマ『スタートレック（宇宙大作戦）』の主要な役柄に、ニシェルを起用したのだ。ウフーラ中尉である。この名前は、スワヒリ語で「自由」を意味する「Uhuru」に由来する。ほかのキャストと同等の立場で、自信に満ちた理知的な女性を演じ、それまであった障壁を打ち壊した。そして1968年には、このドラマにおい

てさらなるタブーが破られる。ウフーラと白人のカーク船長がキスをしたのだ。これは、アメリカのテレビで初めて流れた異人種間のキスシーンだとも言われている。

　ニシェルは、役の上にとどまらず、実際の宇宙探査にも興味を持っていた。『スタートレック』シリーズの打ち切り後には、より多くのマイノリティと女性がNASAで働くように募集する活動に携わり、大きな成功を収めた。2015年には、NASAの遠赤外線天文学成層圏天文台が搭載されたボーイング747機にも搭乗している。

　俳優としても歌手としても活躍してきたニシェルは、ウフーラとして何度も復活している。『スタートレック』シリーズの映画のみならず、同シリーズをテーマにしたアルバムも発表し、ファンである「トレッカー」たちの集会にも顔を出し続けている。

　そんなニシェルに刺激を受けた人は多い。俳優のウーピー・ゴールドバーグは彼女から影響を受けたことを公言し、バラク・オバマも10代の頃にファンだったと本人に直接告白している。元宇宙飛行士の**メイ・ジェミソン**にとっても、ニシェルはお手本だった。「ニシェルは、彼女にしかできないやり方で、自身の名声を良いことに使っている」とも述べている。宇宙旅行の夢をかなえた後、メイはフロリダで行われたスタートレック集会でニシェルに会い、『新スタートレック』に出演したのだった。

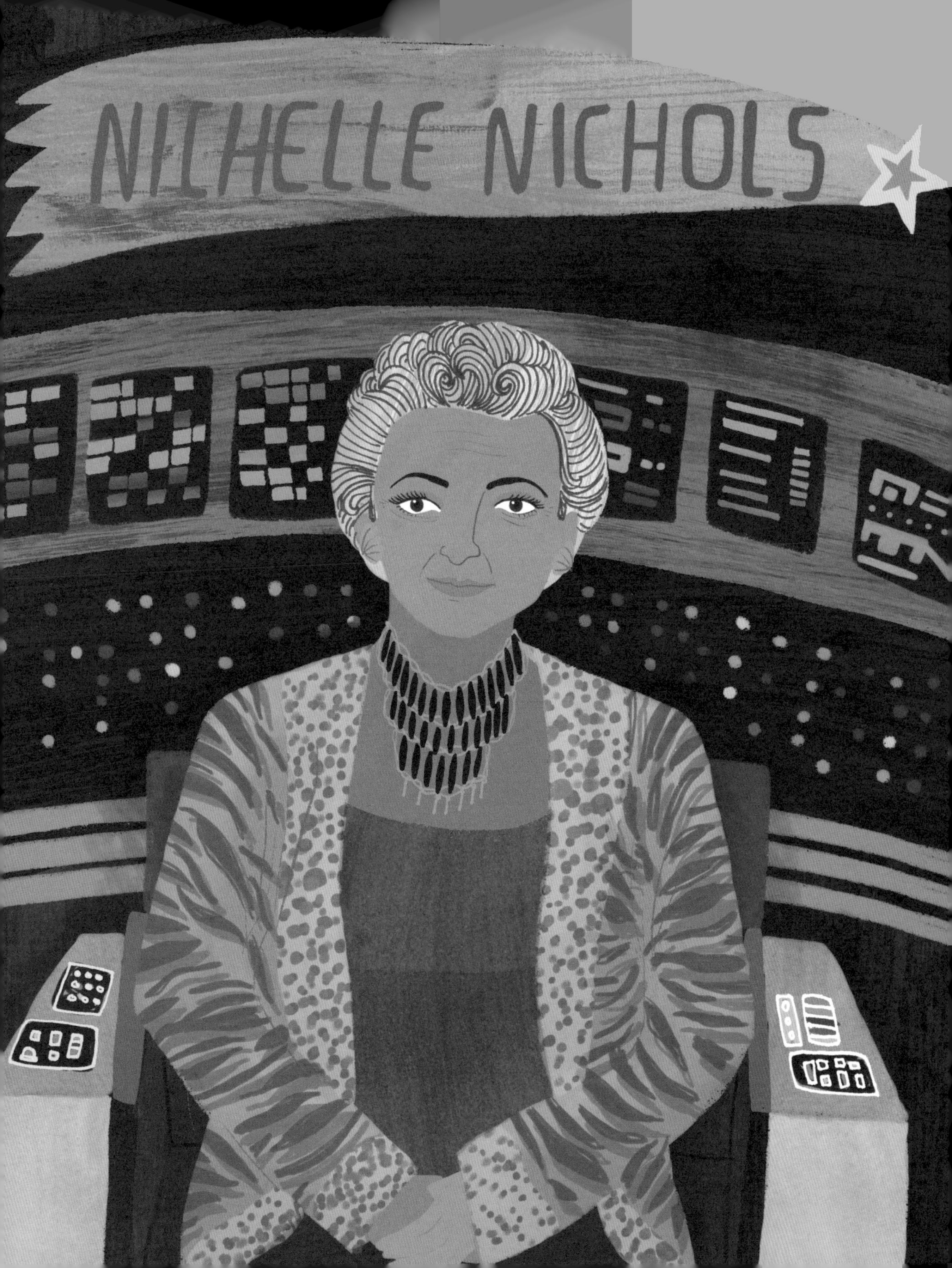
NICHELLE NICHOLS

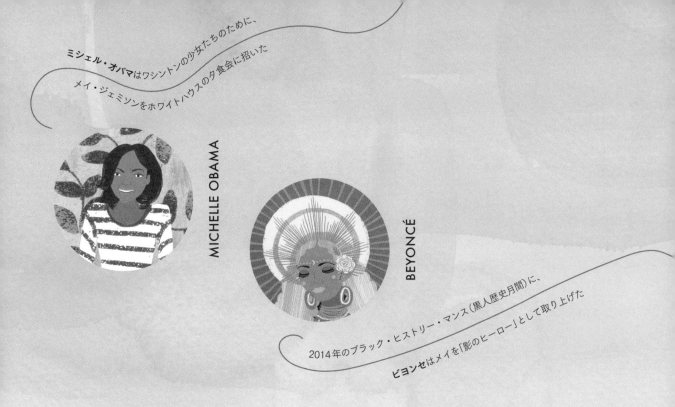

ミシェル・オバマはワシントンの少女たちのために、
メイ・ジェミソンをホワイトハウスの夕食会に招いた

MICHELLE OBAMA

BEYONCÉ

2014年のブラック・ヒストリー・マンス（黒人歴史月間）に、

ビヨンセはメイを「影のヒーロー」として取り上げた

MAE JEMISON
メイ・ジェミソン

宇宙飛行士、医師
1956-
アメリカ

　アフリカ系アメリカ人女性として初めて宇宙に行った
メイ・ジェミソンは、医師、平和部隊の隊員、教師、実
業家としても活躍してきた。

　イリノイ州シカゴで育ち、幼い頃から科学者になる夢
を抱く娘を、両親も応援していた。メイは利発な子どもで、
身の回りのことや時事問題についても関心を持っていた。
1969年のアポロ11号月面着陸に興奮しながらも、女性
の宇宙飛行士がいないことに不満を感じていた。

　学業を進めながら、プロのダンサーを目指していたメ
イだったが、迷った末に医学の道を選び、16歳で奨学金
を得てスタンフォード大学に入学する。黒人学生同盟を
率いながら、化学工学とアフリカン・アメリカン学の学
士号を取得。医学博士号を得るためにコーネル医科大学
に進んだ。

　1983年には、その優れた知識を生かすべく平和部隊
に加わり、リベリアとシエラレオネで隊員の健康管理や
ワクチン研究も担当した。帰国後は開業医として働いた
が、宇宙飛行士になりたいという長年の思いを忘れられ
ずにいた。サリー・ライドがアメリカ人女性で初めて宇
宙飛行士になったことに触発されて、NASAに応募し、
1987年には採用を勝ち取った。

　1992年、メイにとって最初で、唯一の宇宙飛行が行

われた。日米共同フライトのミッションスペシャリスト
（搭乗運用技術者）としてスペースシャトル「エンデバー」
に搭乗すると、ほかの6人の宇宙飛行士とともに地球の
周りを127回まわった。メイは骨細胞に関する研究や、
宇宙酔いの実験を行いながら、200時間ほどを宇宙で過
ごした後に地球に帰還した。『スタートレック』のファン
「トレッカー」であったメイは、毎朝仕事を始める際に、
ドラマの中の有名なセリフ「宇宙周波をオープンします
（Hailing frequencies open）」を唱えていた。

　その後、メイはダートマス大学やコーネル医科大学で
授業を行い、マイノリティの生徒が科学に興味を持つよ
うにキャンペーンを展開していく。科学技術の開発に貢
献する会社や基金を立ち上げ、講演も積極的に行った。

　宇宙の旅には、よりすぐった持ち物を携帯した。自身
のルーツを象徴するアフリカの芸術品や、アフリカ系ア
メリカ人女性として初めて飛行機で空を飛んだ**ベッシー・
コールマン**の写真などだ。NASAに入るまでベッシーを
知らなかったメイは、彼女を大胆で勇気のある人物だと
称えながら、もっと早く知っていればよかったと語って
いる――「子どもなら誰だって、彼女のようになりたい
と思うはずよ」。

BESSIE COLEMAN

2014年のブラック・ヒストリー・マンス（黒人歴史月間）に、

ビヨンセはベッシーを「影のヒーロー」として取り上げた

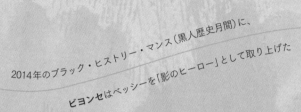

BESSIE COLEMAN

ベッシー・コールマン

飛行士
1892-1926
アメリカ

人種差別、性差別、貧困を飛び越え、アメリカ人で初めて国際パイロット免許を取ったのが「クイーン・ベス」ことベッシー・コールマンだ。アフリカ系アメリカ人、アメリカ先住民の女性としても、初めてパイロット免許を得た人物であり、彼女に勇気を与えられた人は多い。

ベッシーを語るうえで、貧困と迫害は避けて通れない。アフリカ系アメリカ人の両親（父方はチェロキー族の家系でもあった）は、テキサス州の「シェアクロッパー」と呼ばれる小作人で、父親はベッシーが子どもの頃に家族のもとを去っている。そこはKKK（白人至上主義団体）の暴力行為と、なけなしの賃金しかもらえない過酷な綿摘み労働の世界だった。ベッシーは勉学に励み、数学ですば抜けた成績を収めながら、家族の仕事を手伝っていた。13人きょうだいの下から3番目だった彼女は、2人の妹の面倒も見た。地元の学校を卒業してオクラホマの大学に入学するも、資金が底をついたため家に戻った。

シェアクロッパーの生活から逃れるべく、23歳だったベッシーはイリノイ州のシカゴに移り、ネイリストとして理髪店で働き始める。そこで第一次世界大戦でパイロットだった客から話を聞き、飛行士になる夢を抱くようになる。ひたすら働いて費用を工面したが、アメリカには女性を受け入れる飛行学校はなく、黒人にはなおさら厳しい状況だった。国内がダメなら国外があるとアドバイスされ、ベッシーは銀行家ジェシー・ビンガと『シカゴ・ディフェンダー』紙の支援を受けて、1920年に飛行士になるべくパリに留学する。

それから半年ほどで航空免許を取得。帰国したが、スタント飛行で生計を立てるにはさらなる技術が必要であることに気づく。ベッシーは、アフリカ系アメリカ人の

ための飛行学校を設立したいと思うようになり、その資金が必要だった。トレーニングを受けるため、ベッシーは再びヨーロッパへ渡った。

研鑽を積んで帰国したベッシーは、たちまち話題の人となる。華麗に空を舞い、アクロバティック飛行で円や8の字を描いてみせては、観客を大いに沸かせた。事故にあっても怯まなかった。あるときには、予定していたパラシュート部隊の1人がショーに現れなかったために、ベッシーがパラシュートを担いで、飛行機から飛び降りてみせたこともあった。

そんなベッシーに『光と影』という映画への出演オファーも舞い込んだが、ボロボロの服で演技するなど、ステレオタイプの黒人役を演じなければならないことを知って、出演を拒否する。彼女は自分を貫いた。黒人の入場を拒否する航空ショーには出演せず、アフリカ系アメリカ人女性に飛行士になるよう講演した。

しかし、1926年に悲劇が起こる。購入したばかりの飛行機の整備不良により、機体のコントロールがきかず、墜落してしまったのだ。ベッシーと同乗の整備士はともに死亡した。フロリダ州オーランドとシカゴでそれぞれ告別式が行われ、合わせて何万人もの人々が参列した。シカゴでは聖歌『ジーザス、セイヴァー、パイロット・ミー』で哀悼されたが、後にこの聖歌を見事に歌い上げる歌手が現れる。ベッシーの死の1年後にシカゴに移り住んだ**マヘリア・ジャクソン**だ。ともにシカゴのブロンズビルに住み、ベッシーはピルグリム・バプテスト教会の信徒だった。後にこの教会は「ゴスペル音楽の故郷」と呼ばれるようになるが、それに尽力したのがマヘリアだった。

153

MAHALIA JACKSON

マヘリア・ジャクソン

ゴスペル歌手
1911-1972
アメリカ

その深いコントラルト（女性の最低音域）の歌声で、人種的平等を巡るアフリカ系アメリカ人の闘いに力を与えたマヘリア・ジャクソン。世界的な名声を得た彼女は、その圧倒的な存在感を公民権運動で発揮した。

マヘリアが生まれ育ったルイジアナ州ニューオリンズには、いつも音楽があふれていた。教会からはゴスペルが流れ、街角ではジャズバンドの演奏が聞こえてくる。マヘリアはベッシー・スミスやマ・レイニーといったブルース歌手から強い影響を受けた。13人の家族、親戚と暮らす小さな家は、恐ろしい叔母マハラに支配されていたため、マヘリアにとってマウント・モリア・バプテスト教会が第2の家だった。教会内には、彼女の見事な歌声が響きわたっていた。

南部から北部へと黒人の大移動が起こった時代で、マヘリアもその波に乗り、職を求めて16歳でイリノイ州シカゴに移り住んだ。メイドの仕事を探していたところ、ゴスペル・グループのメンバーに加わることになった。

マヘリアは、宗教的ではない音楽は歌わないと心に決めており、そのためにデッカ・レコードとの契約と自身の結婚を逃すことになる。それでも彼女は、作曲家トーマス・A・ドーシーと組んで「ゴスペルの黄金期」を築いていった。

『ムーブ・オン・アップ・ア・リトル・ハイヤー』は800万枚の売り上げを記録し、マヘリアはアメリカとヨーロッパでスター歌手となる。「世界最高のゴスペル歌手」と呼ばれ、様々な人種が観客として訪れるカーネギーホールにも出演した。映画作品にも特別出演し、ニューポート・ジャズ・フェスティバルにデューク・エリントンとともに登場し、ジョン・F・ケネディの大統領就任式でも歌声を披露した。そして、マヘリアにとって最高

のパフォーマンスとなったのが、1963年のワシントン大行進だろう。友人マーティン・ルーサー・キング・ジュニアの歴史的な演説中に、マヘリアがこう叫んだところを何人もの人々が目撃している——「あなたの夢を聞かせてやりなさい、マーティン」。この言葉をきっかけに、キングはかの有名な一節、「私には夢がある……」を語り始めたのだ。

60歳でマヘリアが亡くなると、2つの場所で追悼式が行われた。シカゴでは、棺に入ったマヘリアにお別れしようと5万人にのぼる人々が集まり、翌日の葬儀には6000人余りが駆けつけた。ニューオリンズでも、何千人もが葬儀会場に押し寄せた。

マヘリアとともに全米黒人地位向上協会（NAACP）の活動に携わり、マーティン・ルーサー・キング・ジュニアの友人だったのが、より政治色の強い歌を歌った**ニーナ・シモン**である。

マヘリアは最後のツアーで**インディラ・ガンディー**に会っている

INDIRA GANDHI

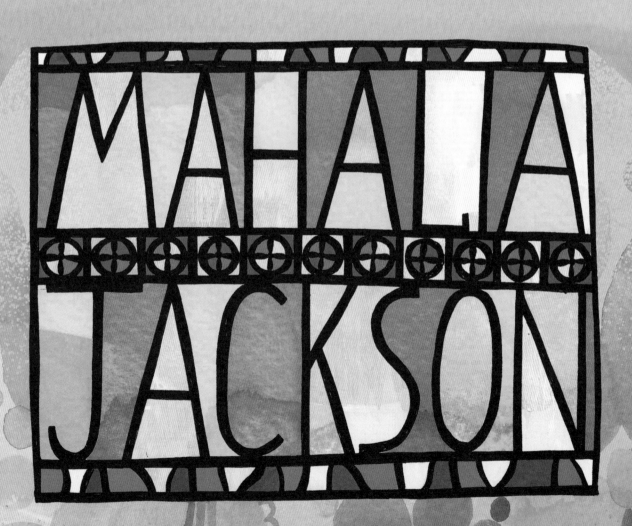

MAHALIA JACKSON

PATTI SMITH

パティ・スミスはニーナの熱烈なファンだった

JOSEPHINE BAKER

ジョセフィン・ベイカーと同じく、ニーナも先進的な雰囲気のフランスに移り住んでいる

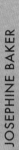

NINA SIMONE

ニーナ・シモン

歌手、ピアニスト
1933-2003
アメリカ

高潔で激しい気性を持つニーナ・シモンは、その輝かしい才能で音楽のジャンルの壁を打ち破りながら、妥協のない人生を貫いた。

ユニース・キャスリン・ウェイモンの名でノースカロライナに生まれたニーナは、幼い頃から卓越したピアノの腕前を誇り、周囲の支援を受けてニューヨークのジュリアード音楽院で学んだ。フィラデルフィアのカーティス音楽院へ進学するために奨学金試験を受けるが、圧倒的な演奏技術にもかかわらず、不合格となる。人種差別があったのではないか、とニーナは考えた。この経験をもとに、彼女は怒りをパワーに変えて道を切り拓いていく。

1958年にビート族だったドン・ロスと結婚するが、長続きしなかった。同年に、シングル『アイ・ラヴズ・ユー、ポーギー』が大ヒットとなる。その後リリースしたデビューアルバム『リトル・ガール・ブルー』も成功を収め、以後何十曲もの作品を発表していく。

1961年にアンドリュー・ストラウドと結婚し、翌年、娘のリサを出産する。しかし、後にマネージャーとなるこの夫から、精神的、身体的な暴力を受けていた。ニーナ自身も感情のコントロールができず、周囲に暴力を振るったり、行儀の悪い観客を叱りつけたりしたこともある。後に、彼女は双極性障害と診断された。

1960年代中頃になると、ニーナの音楽は公民権運動に深く関わっていく。友人で劇作家のロレイン・ハンズベリーが、作品に怒りを込めるように勧めたのだ。「私た

ちは、男や服の話はしたことがない。いつだってマルクスやレーニン、革命について話し合っていた。女同士の、本物の"会話"をしていたんだ」とニーナは後に語っている。1965年に起きたセルマからモンゴメリーへのデモ行進後のコンサートでは、抗議活動のアンセム『ミシシッピ・ガッデム』などを披露する。この舞台にはマーティン・ルーサー・キング・ジュニアも登場した。

しかしその後、ニーナは政治活動に傾倒しすぎたために、音楽に対する情熱を失っていることに気づき、1970年代にアメリカを離れる。バルバドス、リベリア、スイスなどを転々とし、1990年代にフランスに落ち着いた。

1980年代にニーナのCDがリリースされたことで、彼女の音楽は若い世代にも広まり、いくつものコマーシャルに使われるようになる。2003年、ニーナの死の2日前に、カーティス音楽院は彼女に名誉学位を授けた。ニーナは、その見事な才能が批評家と世間の両方から評価されたことを知った後、この世を去ったのだった。

ニーナは活動家**アンジェラ・デイヴィス**の友人であった。アンジェラはニーナのファンで、抗議活動におけるパフォーマンスで彼女に勝る女性アーティストはいないと考えていた。アンジェラが拘置所に入れられていたとき、ニーナは予定されていた面会時間に遅れて現れる。アンジェラのために赤い風船を持ち込もうと、看守と口論になっていたのだ。アンジェラは、風船がしぼんだ後も、大切に持ち続けた。

NINA
SIMONE

ANGELA
DAVIS

シルヴィア・パンクハーストと同じく、アンジェラも政治運動に携わって投獄された

ANGELA DAVIS

アンジェラ・デイヴィス

政治活動家、著作家
1944-
アメリカ

　人種差別撤廃を求めて闘ったアンジェラ・デイヴィスは、同時に女性の権利向上を目指し、アメリカの資本主義社会にも抵抗した。

　アンジェラ・イヴォンヌ・デイヴィスは、アラバマ州バーミングハムに生まれる。後に公民権運動の中心となる場所だ。子どもの頃には教会やガールスカウトで活動し、人種隔離に抗議する行進に参加したこともあった。10代になると、母サリー・ベル・デイヴィスが南部黒人若者会議の役員になったことで、アンジェラも共産主義に傾倒し活動していく。異人種間の研究会を組織して、警察に解散させられたこともあった。15歳でニューヨークの高校に進学すると、現状を変えることに積極的な思想を持つ人々と出会い、共産主義の青年団体に所属するようになる。

　マサチューセッツ州のブランダイス大学で哲学を学び、ドイツに2年留学。帰国後はカリフォルニア大学サンディエゴ校に入学しなおし、ブラックパンサー党やアメリカ共産党の黒人支部チェ・ルムンバ・クラブで活動する。

　カリフォルニア大学ロサンゼルス校（UCLA）で助教授に就任した後、キューバを訪れたアンジェラは、社会主義体制こそ人種差別を撤廃する基盤になりうると確信する。しかし帰国すると、当時カリフォルニア州知事だったロナルド・レーガンから圧力を受け、UCLAを解雇されてしまう。法廷闘争の末に復職するも、1年後にス

ピーチで「扇情的な言葉」を使ったとして、再び職を解かれた。

　4人の被害者を出したマリン郡裁判所襲撃事件で、アンジェラは誘拐、共謀、殺人の嫌疑をかけられる。逃亡するもニューヨークで逮捕され、カリフォルニアに留置された。すると、アンジェラの解放を求める「フリー・アンジェラ・デイヴィス」キャンペーンが世界中で巻き起こり、ローリング・ストーンズやボブ・ディラン、オノ・ヨーコらが、彼女にまつわる曲を作って支持を表明した。アンジェラは16カ月投獄された後、1972年に無罪釈放された。

　その後、世界中で講演を行い、1980年にはサンフランシスコ州立大学で再び教壇に立つ。同年に写真家のヒルトン・ブレイスウェイトと結婚するが、3年後に離婚。1997年に、同性愛者であることをカミングアウトしている。アンジェラは政治運動家であり続け、現在でも刑務所ビジネス、人種差別、性差別、帝国主義などを批判している。

　大きなサングラスにロングブーツ、ミニスカート姿で、アンジェラとともに女性の権利を訴えて行進したのが、**グロリア・スタイネム**だ。グロリアは「フリー・アンジェラ・デイヴィス」キャンペーンの基金運動委員会の委員長を務め、今日に至るまでアンジェラと親密な関係を育んでいる。

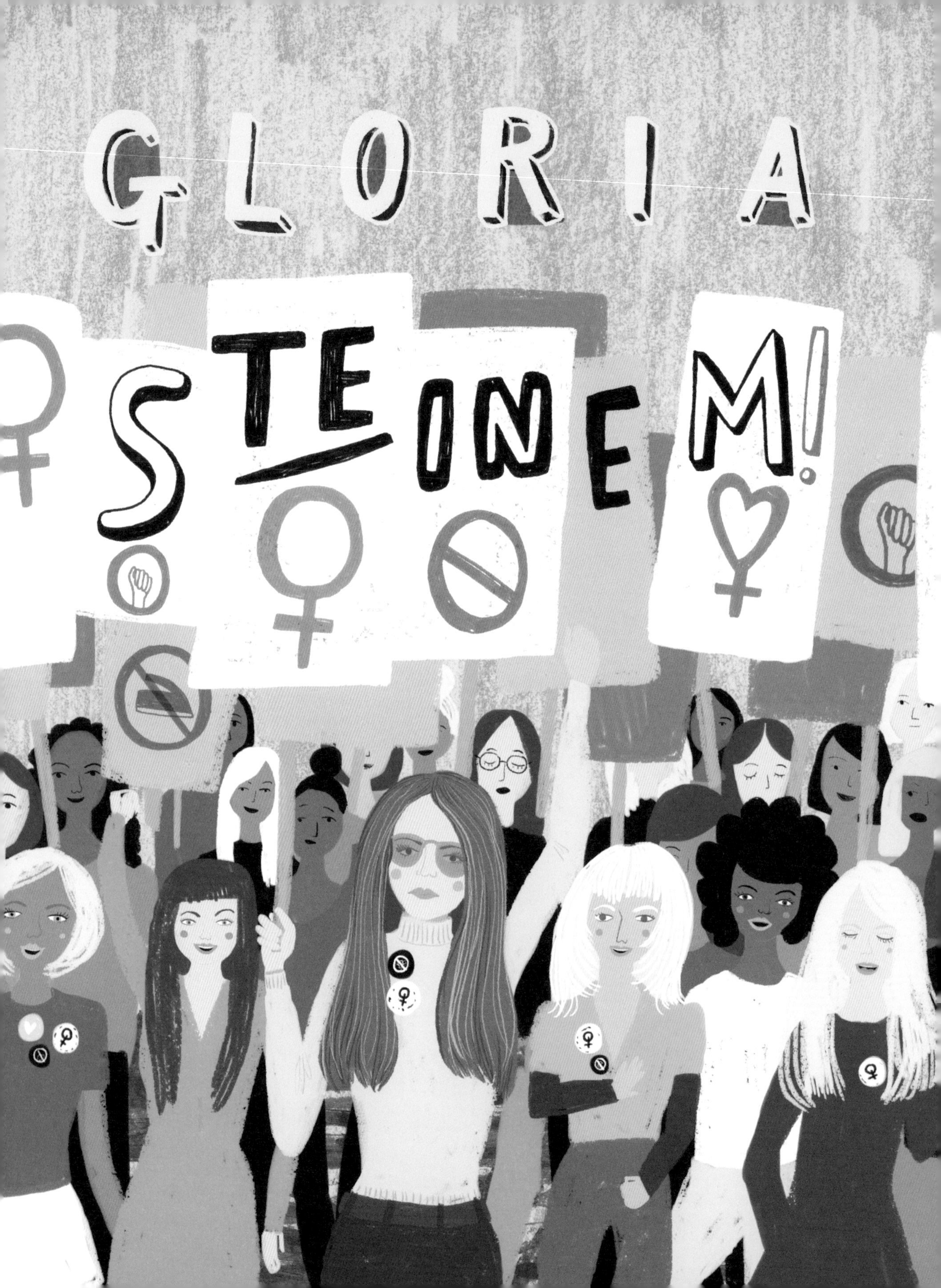
GLORIA
STEINEM!

グロリアは、**オプラ・ウィンフリー**からインタビューを受けたことがあり、彼女とともに大統領自由勲章を受勲している

OPRAH WINFREY

SOJOURNER TRUTH

グロリアが創刊した雑誌『ミズ』は、**ソジャーナ・トゥルース**の名を冠する予定だった

GLORIA STEINEM

グロリア・
スタイネム

ジャーナリスト、フェミニズム活動家／1934-　アメリカ

「ミズ（Ms.）」という言葉——既婚未婚問わず女性につける敬称——は、ある人物のおかげで世に広まった。ジャーナリストで第2波フェミニズムの先駆者であるグロリア・スタイネムだ。

グロリアの祖母は女性参政権論者として啓蒙活動を行い、またホロコーストからいくつもの家族を救った人物であった。グロリアはそんな祖母の情熱を引き継ぎ、目標に向かって邁進していった。子どもの頃は引っ越しばかりしていた。父親がセールスマンで、ミシガンとフロリダを行ったり来たりしては、アンティークの売買をしていたのだ。だが両親は離婚し、父親は家族のもとを去ってしまう。母親は精神的に不安定で、満足に仕事をすることができず、グロリアが面倒を見ていた。

1956年に大学を卒業するとインドに留学し、その後、ジャーナリストとしてのキャリアをスタートさせる。グロリアは女性が直面する数々の問題を取り上げたが、『ニューヨーク・マガジン』誌で中絶にまつわる集会を取材したことから、「フェミニスト」として活動していくようになった。その後も、「ブラックパワーの次は、女性の権利を向上させよう」などと題した記事を発表していった。

1971年、グロリアを含む300人以上の女性が、より多くの女性の政治参画を目指して全米女性政治連盟を結成。1972年にはフェミニスト誌『ミズ』をパトリシア・カービンと創刊し、ドメスティック・バイオレンスやポルノ、同性婚、女性器切除などの問題を取り上げた。こ

うした問題が公に取り上げられるのは、初めてのことだった。創刊号の表紙には、てんてこ舞いで家事をするヴィシュヌ神が描かれ、発売から8日間で30万部売れた。ジャーナリストの仕事と並行してキャンペーンを展開していたグロリアは、第2波フェミニズムを牽引しながら、民主党の政治運動にも関わっていく。

1986年に乳がんの診断を受けたが、彼女の勢いは衰えなかった。治療の末に病に打ち勝ち、活動を再開。1992年には、若者の妊娠中絶の権利を守るための非営利団体「チョイスUSA」（現在のURGE）を立ち上げた。

彼女が世界を最も驚かせたのは、66歳で動物愛護運動家のデイヴィッド・ベールと結婚したことかもしれない。その3年後にデイヴィッドは脳リンパ腫で亡くなるが、それでもグロリアは活動をやめなかった。テレビ番組『Woman』で司会を務め、本も書き、キャンペーンも手がけた。「引退するという発想は、私にとってハンティングすることと同じほど異質なもの」と語っている。

グロリアが女性の権利のために街で闘っていたとき、若きテニス選手**ビリー・ジーン・キング**はコートの上で男性優位主義を相手に奮闘していた。2人は友人同士で、互いに支え合う関係だった。『ミズ』の創刊号で、ビリー・ジーンは自身の中絶経験について告白しており、グロリアも、ビリー・ジーンが雑誌『ウィメン・スポーツ』を創刊し、女性アスリートの権利を守る「女性スポーツ財団」を立ち上げたときに手を貸している。

ELEANOR ROOSEVELT

BILLIE JEAN KING

ビリー・ジーン・キング

テニス選手
1943-
アメリカ

テニス界に君臨したビリー・ジーン・キングは、コート内外の不平等に対してスマッシュを放ち続けてきた。

労働者階級の家庭に生まれ、スポーツに打ち込むことを、メソジストの両親は応援してくれた。11歳でテニスを始めたビリー・ジーンは、すぐに大会に出場するようになる。強打で攻めるプレースタイルで、15歳のときには元グランドスラム王者アリス・マーブルに見出され、トレーニングを受けるようになった。

17歳で出場したウィンブルドン大会（全英オープン）では、女子ダブルスでカレン・ハンツェとペアを組み、ノーシードから勝ち上がって優勝。テニスを教えて生計を立てながら、選手としてプレーし続け、1966年のウィンブルドン女子シングルスで初優勝を果たした。その後、4大大会で通算39回優勝しており、1972年には全仏オープン、ウィンブルドンと全米オープンで優勝した。

1970年、ビリー・ジーンはほかの女子選手とともに、男女間の賞金格差に抗議してバージニアスリム選手権を開催。格差是正に向けて一歩踏み出したが、まだまだ男女平等からはほど遠かった。ビリー・ジーンはその怒りを力に変えていく。彼女は1972年に制定された「タイトル・ナイン」——教育における男女差別を禁止し、男女ともに奨学金が得られる法令——を支持した。ビリー・ジーンには、奨学金が得られなかった過去があるのだ。

1973年、ビリー・ジーンによる全米オープンボイコット宣言が奇跡を起こした。全米オープンの賞金が主要大会で初めて男女同額となったのだ。勢いに乗って、翌年には、彼女と夫のラリー・キングらが男女混合のプロリーグ「ワールド・チーム・テニス」を立ち上げた。

そんなビリー・ジーンを見過ごさない人間がいた。男性優位主義者で元ウィンブルドン王者のボビー・リッグスが、男女同権運動を推進するビリー・ジーンに対戦を申し入れたのだ。1973年9月、この対戦は「女と男の戦い（バトル・オブ・ザ・セクシーズ）」として実現し、テレビ中継もされた。結果はビリー・ジーンのストレート勝ちで、5000万人以上もの視聴者に女性運動の勢いが増すさまを見せつけた。

1975年に最後の4大大会女子シングルス優勝を収めたビリー・ジーンだが、コート外での困難に見舞われることがあった。元恋人マリリン・バーネットに慰謝料請求の訴訟を起こされたことで、彼女は非難の的となったのだ。同時に同性愛者であることが公表され、ビリー・ジーンは同性愛をカミングアウトした初の有名女性アスリートとなった。しかしその後には、同性愛者ムーブメントを牽引した存在として、大統領自由勲章を授与されている。

ビリー・ジーン・キングと同時代を生きてきた**オプラ・ウィンフリー**も、大統領自由勲章を受けている。彼女も賃金格差の解消を熱心に訴えてきた1人だ。そんなオプラのテレビ番組「オプラ・ウィンフリー・ショー」に、ビリー・ジーンはグロリア・スタイネムとともに「世界を変えた女性たち」として出演している。また、2016年夏にホワイトハウスで行われた女性サミットの女性・女子協議会では、ビリー・ジーンとオプラが壇上に登った。

BEYONCÉ

ビヨンセもオプラにインタビューされた1人。
2人は友人同士である

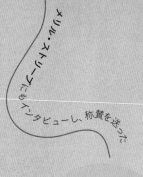

メリル・ストリープにもインタビューし、称賛を送った

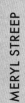

MERYL STREEP

ビリー・ジーン・キングは友人で、彼女の名を冠した賞も受賞している

BILLIE JEAN KING

OPRAH WINFREY
オプラ・ウィンフリー

司会者、実業家
1954-
アメリカ

アメリカンドリームの体現者、オプラ・ウィンフリーは、私たちの一生よりも濃密な1週間を送っていそうだ。トークショーの司会や俳優として活躍し、テレビ制作会社を所有し、雑誌も刊行している。彼女はアメリカで最も裕福なアフリカ系アメリカ人で、活動家、慈善家でもある。誰よりも早くブック・クラブを立ち上げ、アメリカ人の読書欲に再び火をつけたことでも知られている。

オプラは厳しい子ども時代を送った。ミシシッピの小さな町で、未婚の10代の母親と暮らしていた。生活は貧しく、ジャガイモ用の麻袋で作ったワンピースを着ていた。祖母に育てられた後、母に引き取られ、13歳で家出。14歳で出産するが、息子は生まれてすぐに亡くなった。その後、父親のもとに送られ、十分な教育を受けられるようになると、オプラの人生は変わっていく。高校では最も人気のある女子生徒に選ばれ、弁論大会で優勝したことで、奨学金を得てテネシー州立大学に通うこと

ができた。ミス・ブラック・テネシーに選ばれ、学生時代には地元のラジオ局でニュースを読み上げる仕事に就いた。

放送業界におけるオプラの輝かしいキャリアが始まった。ナッシュビルとボルチモアのテレビ局でニュースキャスターを務めた後、シカゴに引っ越して、当時低視聴率だったトークショー「AMシカゴ」のホストに就任。親しみやすく、面白くて辛辣なオプラのおかげで、数カ月後には、「AMシカゴ」は最も人気のある番組となっていた。そして2年後には、「オプラ・ウィンフリー・ショー」として全米で放映されるようになる。オプラは自身が抱える問題——ダイエットに苦戦していること、恋愛関係や子どもの頃に受けた性的虐待など——を赤裸々に話しては視聴者の共感を呼び、ゲストたちは彼女に信頼や好意を寄せて、心を開いた。

1990年代半ばから、番組は落ち着いた前向きな雰囲

MAE JEMISON

メイ・ジェミソンはオプラからインタビューを受け、また記事を書くように依頼された

GLORIA STEINEM

オプラとグロリア・スタイネムは、長いこと一緒に活動してきた

オプラはミスティ・コープランドを支援している

MISTY COPELAND

気になり、社会問題や感動的な話を取り扱うようになる。1996年には、番組内で「オプラ・ブック・クラブ」がスタートし、そこで紹介された本はどれもたちまちベストセラーになった。番組は2011年に終了した。

トークショーと並行して、オプラは俳優としての顔も持っており、映画『カラーパープル』ではアカデミー助演女優賞にノミネートされている。ほかにも共著者として5冊の本を出版しており、メディア業界でも活動を続けている。1986年には「オプラ・ウィンフリー・ショー」の所有権を得て、新たなラジオチャンネルを開始したり、女性向けのケーブルテレビ・ネットワーク「オキシジェン」を共同で立ち上げたり、テレビ局「オプラ・ウィンフリー・ネットワーク（OWN）」も開局。創刊時から売れ続けている雑誌『オー、ジ・オプラ・マガジン』は、最も成功した雑誌とされている。

世界で最も稼いでいる芸能人の1人で、アメリカで最も金持ちな女性でもあるオプラは、ハロルド・ワシントン図書館や母校に寄付するなど、そのお金を世のために使っている。

オプラは数え切れないほど多くの有名人にインタビューしてきたが、その中には12歳の頃の**エマ・ワトソン**もいた。映画『ハリー・ポッター』シリーズの第2作目が公開されたときのことだ。2人は、本格的なマインドフルネス瞑想を実践していたり、ブック・クラブを主催するなど共通項があった。2016年2月、ブック・クラブの2冊目の本として、エマはアリス・ウォーカーの『カラーパープル』を紹介している。推薦文には「1985年、スティーヴン・スピルバーグがこの本を映画化しました。オプラ・ウィンフリーの映画デビュー作で、ウーピー・ゴールドバーグの出世作でもあります（2人とも私の大好きな女性です）」と書かれていた。

エマ・ワトソン

俳優
1990-
フランス

映画『ハリー・ポッター』シリーズのハーマイオニー役で多くのファンを得たエマ・ワトソンだが、彼女はただの子役では終わらなかった。今では、俳優として高い評価を得ながら、熱心に学校にも通い、女性の権利のための活動家として、ネット上でのトロール（荒らし）からの嫌がらせにも怯まず応戦している。そう、ホグワーツでトロールと戦っていたみたいに。

パリで生まれたエマは、両親の離婚をきっかけに、母と弟とともにイングランドに移り住む。そして10歳のとき、ハーマイオニー役に抜擢される。魔法がかけられ、人生が大きく変わった瞬間だった。彼女の演技は高い評価を得て、映画も大成功を収めた。世界中の、魔法を使えないマグルたちから絶大な支持を集めながら、続くシリーズ7作にも出演する。その後は、『ウォールフラワー』

や『マリリン7日間の恋』など、より大人向けの映画で華々しい活躍を見せている。

撮影現場でも家庭教師とともに勉強に励み、優秀な成績を維持し、オックスフォード大学やブラウン大学に進学。2014年に英文学の学士号を取得した。バーバリーやランコムのファッションモデルとしても活躍し、様々な雑誌の表紙を飾っている。フェアトレードの専門ブランドであるピープル・ツリーに携わり、2010年にはバングラデシュのスラム街に暮らす労働者を訪ね、少女たちの学ぶ権利について強い関心を抱いた。その後、アフリカの女子教育をサポートする「CAMFED（Campaign for Female Education）」への支援を決めている。

2014年には国連のUN女性親善大使に任命され、国連本部で行われた「ヒー・フォー・シー（He For She）」

というムーブメントの発表会ではスピーチを披露した。このスピーチを聞いたマララ・ユスフザイは、自身もフェミニストと名乗ることにしたと、後にエマに伝えている。SNS上ではネガティブな反応も巻き起こり、エマのヌード写真をばらまくといった脅しが投稿されたりしたが、ポジティブな反応のほうが圧倒的に多かった。翌2015年には、フェミニストとしての精力的な活動が認められ、『タイム』誌の「世界で最も影響力のある100人」に選ばれて、表紙も飾っている。

　その100人の中には、ダンサーの**ミスティ・コープランド**も入っており、彼女も表紙に登場した。ミスティの憧れの存在である体操選手のナディア・コマネチは、ミスティのことを「若い女性にとって模範となる存在」だと語っている。

エマはこのグロリア・スタイネムと一緒に活動している

GLORIA STEINEM

チママンダも『タイム』誌の「世界で最も影響力のある100人」に選ばれた

CHIMAMANDA NGOZI ADICHIE

U.N.

WATSON

Misty
Copeland

ミスティは**オプラ**の友人で、一緒に仕事をした仲でもある

チママンダと同じく、ミスティも「世界で最も影響力のある100人」に選ばれた

MISTY COPELAND

ミスティ・コープランド

バレエダンサー
1982-
アメリカ

アメリカン・バレエ・シアター（ABT）で、アフリカ系アメリカ人として初めてプリンシパルとなったミスティ・コープランドは、従来のバレリーナ像のイメージ、肌の色、そして体型すら塗りかえてきた。

ミスティは複雑な家庭環境に育った。母親は何度も結婚と離婚を繰り返し、恋人が何人もいた。母と5人のきょうだいとの落ち着かない暮らしも、学校のダンスドリルチームで活動しているときは逃れることができた。13歳の頃、彼女の才能に気づいた教師の勧めで、ミスティは地元の小さなバレエ教室に通い始める。教室で教えていたシンシア・ブラッドリーはミスティに無料でレッスンを施し、必要な用具も与えた。

その頃のミスティは、家族全員で2部屋しかない宿泊所に暮らしていた。なんとしてでもミスティの才能を伸ばしてやりたいと考えたシンシアは、彼女を自分の家に住まわせることにする。ミスティが15歳の頃には、シンシアが自宅でレッスンを始めたため、より多くの時間をダンスに費やすことができた。また、様々なダンスの大会で優秀な成績を収め、バレエ学校のワークショップに参加するようになっていった。ところが、ミスティの気取った暮らしに腹を立てた母親がシンシアを相手取り、ミスティの親権を巡って裁判を起こす。結果、彼女は家族のもとに戻って学校に通い、午後だけダンスのトレーニングを受けるようになった。

17歳でニューヨークのABTのトレーニング・プログラムに参加し、スタジオ・カンパニーに入団した後、コール・ド・バレエの一員となる。だが、80名以上の女性ダンサーのうち、アフリカ系アメリカ人は彼女1人だけだった。当時のミスティは、バレリーナの「理想」とされるボディイメージに悩まされ、食べすぎてしまうこともあった。だが、「ダンサーとして自信がついてくるに従って、自分の筋肉や豊満な身体を受け入れるようになっていった」とインタビューで話している。

徐々に大役を任されるようになり、ミスティの名は世に知られていく。2007年、24歳のときにはABT最年少でソリストを務め、その後『くるみ割り人形』やバッハの『パルティータ』、『火の鳥』などで美しい踊りを披露。『火の鳥』の観客の半分はアフリカ系アメリカ人で、それを見たミスティは「圧倒的だった」と述べている。2009年には、プリンスの『クリムゾン・アンド・クローバー』のPVに出演したり、彼のツアーでダンスを披露したりと、バレエ界の外でも活躍している。

だが、彼女の最大の業績と言えば、2015年にABTでプリンシパルに昇格したことだろう。アフリカ系アメリカ人女性が任命されたのは、ABTの75年もの歴史で初めてのことであり、アメリカのバレエ史を見ても、アフリカ系アメリカ人のプリンシパルは10人もいない。2016年にはメトロポリタン歌劇場で『ロミオとジュリエット』を演じた。その同シーズンに、別の素晴らしいダンサーもジュリエットを踊っていた。53歳の**アレッサンドラ・フェリ**である。

171

ALESSANDRA FERRI

アレッサンドラ・フェリ

バレエダンサー
1963-
イタリア

イギリスのロイヤル・バレエ団の最年少プリンシパルから最年長バレリーナへと、バレエのテクニック、ピルエットのように旋回して翻ったアレッサンドラ・フェリは、バレエ界のしきたりや限界を優雅に打ち壊してきた。

ミラノに生まれ、ミラノ・スカラ座バレエ学校を経て、イギリスのロイヤル・バレエ学校に進学。15歳でロイヤル・バレエ団に入団した。振付師のケネス・マクミランに見出され、19歳でプリンシパルに昇格すると、『うたかたの恋』で暗く情熱的なマリー・ヴェッツェラを初主演し、その後『ロミオとジュリエット』で激しいジュリエットを演じた。そのままロイヤル・バレエ団を率いる存在になるかと思われたが、ミハイル・バリシニコフに誘われてアメリカン・バレエ・シアター（ABT）に移籍する。より厳しいトレーニングを楽しみながら、ジゼル、マノン、アナスタシア、ジュリエット、そして『じゃじゃ馬ならし』のキャタリーナなど難しい役どころを演じて、批評家から称賛を受けた。そして、ロサンゼルスでのルドルフ・ヌレエフ生誕50周年記念公演では、ルドルフと共演した。1992年には主演を減らし、ABTのゲストスターとなる。カーテンコールに選んだのはもちろん『ロミオとジュリエット』だった。さらに、ミラノ・スカラ座からプリマ・バレリーナ・アッソルータの称号を授与されている。

2人の娘との時間を大切にするために、44歳で引退。

バレエもエクササイズも一切やめてしまうが、その後、自分が創造性と充実感を求めていることに気づき、バレエを再開する。関節痛などに苦しんだため、ヨガやピラティスとともにダンスのレッスンに取り組んだという。52歳で復帰したときには、かつて軽々とやってのけたエネルギッシュで体にきつい役ではなく、年配の踊り手のための役を選んだ。『ドゥーゼ』と『シェリ』（コレット原作）のレア役で新たな境地に達した。復帰作の1つに、ロイヤル・バレエ団による『ウルフ・ワークス』のダロウェイ夫人がある。これは**ヴァージニア・ウルフ**の小説をもとにした作品だ。

COLETTE

バレエに翻案されたコレット原作の『シェリ』で、アレッサンドラ・フェリはレアを演じた

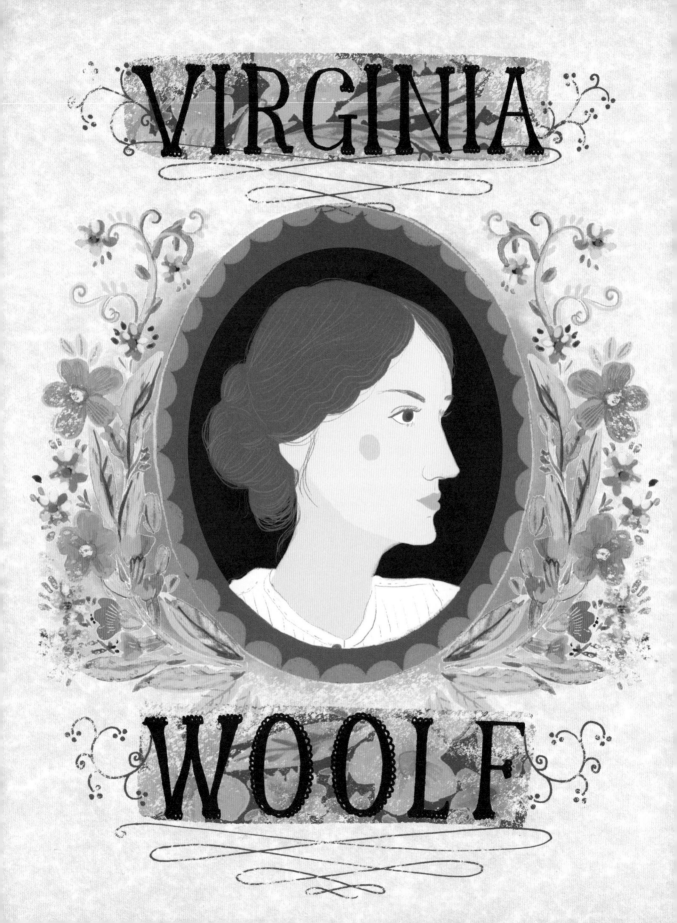

VIRGINIA WOOLF

オペラ版『オーランドー』では、**アンジェラ・カーター**が台本を手がけた

ヴァージニアは**ジョージ・エリオット**を擁護するエッセイを書いている

GEORGE ELIOT

ANGELA CARTER

VIRGINIA WOOLF

ヴァージニア・ウルフ

作家
1882-1941
イギリス

　ヴァージニア・ウルフは複雑な悩み深き人だったが、彼女の小説や文章は今も多くの人の共感を得ている。

　ヴァージニア・ウルフこと本名アデリーン・ヴァージニア・スティーヴンは、著作家で登山家の父と看護師の母の間に生まれた。美貌をもつ母は、ラファエル前派を有名にした絵画モデルだ。両親はともに再婚だったため、ロンドンのケンジントンの家には、親が違うきょうだいを含めて8人の子どもが暮らしていた。

　幼少期のヴァージニアは屈託のない少女だったが、2人の義理の兄による性的虐待や、母親と義理の姉の死によって心を閉ざしてしまう。家庭で教育を受けた後に絵画を学び、キングス・カレッジ・ロンドンではドイツ語、ギリシャ語、ラテン語を履修した。だが、1904年に父親が死んだことが決定打となって、一時的に入院する。

　一家はケンジントンの家を売却し、ブルームズベリーに家を買った。週末になると、ここに芸術家や自由主義思想の知識人などが集まるようになり、「ブルームズベリー・グループ」ができる。ヴァージニアはそこで作家のレナード・ウルフと出会い、1912年に結婚した。

　ヴァージニアは、1905年から批評文を書きながら、小説『メリンブロシア』に取り組んでいた。難解だが力強く、構造や語り口、夢のような散文調を駆使したこの作品は、1915年に『船出』として出版された。その2年後には、夫レナードとともに出版社ホガース・プレスを立ち上げる。彼女の『ダロウェイ夫人』や『灯台へ』、『波』といった作品も、そこから出版された。

　1922年、ヴァージニアは貴族の作家であるヴィタ・サックヴィル=ウェストと出会い、恋仲になる。ヴィタは精神的に不安定なヴァージニアを感情面、金銭面で支えた。ヴィタは自身の商業小説をホガース・プレスから刊行。そのお返しにヴァージニアは、ヴィタをモデルとした魅力的な小説『オーランドー』を執筆した。

　作家や講演者としての地位を築いていったヴァージニアだが、自身最後となる原稿の執筆中に、徐々にうつ症状を悪化させていく。第二次世界大戦が勃発すると、「ナチスが侵攻してくれば、自分とユダヤ人の夫に何が起こるかわからない」と不安を抱えるようになり、ロンドン大空襲で家が焼かれたことで望みを絶たれた。そして、コートのポケットに石を詰め込むと、サセックスの別荘近くを流れる川に向かって歩いていった。彼女の遺体が見つかったのは、それから3週間後のことだった。

　ヴァージニア・ウルフと**ジョージア・オキーフ**は実際に会ったことはなかったが、2人の芸術には類似点がある。ともにメタファーとして花を使っていたのだ——ヴァージニアのある作品には80種類もの花が登場しており、ジョージアの作品の6分の1は花がモチーフとなっている。1925年5月の文芸誌『ダイアル』に掲載されたヴァージニアのエッセイ『無名の人生』には、ジョージアの絵画『フラッグポール』が挿絵に使われている。

ジョージア・オキーフ

画家
1887–1986
アメリカ

ジョージア・オキーフは、幼少期から一貫して自然と風景を描き続けたことで、20世紀を代表する画家となった。

ジョージアは、ウィスコンシン州の小麦農家に生まれ、大地に親しみ、自然に囲まれて育った。7人きょうだいの2番目で、幼い頃からアートに興味を抱き、10歳で芸術家を志す。アート・インスティチュート・オブ・シカゴとニューヨークで絵画を学んでいたが、父親が破産したために家族とともにシャーロッツビルに移り住み、そこで美術教師として働いた。

1915年、コロンビア・カレッジで教鞭をとるかたわら、抽象的な木炭画を描き始める。すると、写真家で画商のアルフレッド・スティーグリッツが彼女の作品に目をつけ、それらをニューヨークの画廊「291」で展示した。その1年後、ジョージアはニューヨークに移り、スティーグリッツと恋愛関係になる。2人は芸術家同士としても関係を深め――彼はジョージアの美しいポートレートを300点以上残している――、1924年に結婚。この頃からジョージアは、拡大した花の絵を発表している。オキーフ作品の代名詞とも言える、画面いっぱいに描かれた満開の花は、見る者の感情をかき立て、心を動かす。その後ジョージアは、自分の周囲の環境も作品にしていった。彼女が描いた高層ビルは、ジャズ・エイジの絶頂期にあるニューヨークの興奮を伝えている。その頃のジョージアは、アメリカ芸術界でもすでに有名な存在になっていた。

1928年、夫スティーグリッツの不倫に傷ついたジョージアは、ニューヨークの窮屈な社交界を離れて、ニューメキシコへ向かう。ゴーストランチに居を構え、赤茶けた風景や動物の白骨からインスピレーションを得た。

GEORGIA

人里離れた環境は、孤独を好む彼女に合っていた。1940年代には何度か個展を開き、ニューヨーク近代美術館（MoMA）で初めて回顧展を開催した女性アーティストとなる。1946年、夫が血栓症で倒れ、ジョージアはニューヨークにいる彼のもとへ駆けつけた。夫の死後、ジョージアは彼の事業を整理するとニューメキシコに永住し、98歳でこの世を去った。遺骨はゴーストランチ周辺に撒かれた。

スティーグリッツと若手写真家ドロシー・ノーマンとの不倫を知ったとき、ジョージアは精神的に不安定になり、一時入院した。彼女が最も弱っているとき、友人である画家の**フリーダ・カーロ**から美しく、優しい手紙が送られてきた。そこには、どんなにフリーダがジョージアの身を案じ、どんなに会って話したいかが書かれていた。1933年に初めてアメリカで出会った2人は友情で結ばれたが、それ以上の関係もあったのではないかと考えられている。1951年にはジョージアも、メキシコで寝たきりになっていたフリーダを見舞っている。

GERTRUDE STEIN

ジョージア・オキーフと**ガートルード・スタイン**は、
メイベル・ドッジ・ルーハンのサロンに顔を出していた

O'KEEFFE

フリーダはエルザ・スキャパレッリのドレスに
インスピレーションを与えた

ELSA SCHIAPARELLI

JOSEPHINE BAKER

パリにいる間、フリーダはジョセフィン・ベイカーと関係を持っていた

FRIDA KAHLO

フリーダ・カーロ

画家
1907-1954
メキシコ

フリーダ・カーロの人生は、色彩豊かなその絵に現れている。印象的な肖像画で有名な彼女だが、大胆な容姿、唯一無二の作品、情熱と波乱に満ちた人生を生きたことでも知られている。

マグダレーナ・カルメン・フリーダ・カーロ・イ・カルデロンはメキシコシティで生まれた。活発でいたずら好きだったフリーダは、6歳でポリオを患う。学校に通う女生徒は少数で、さらにフリーダは色鮮やかな伝統衣装を着ていたため、学校でも目立つ存在だった。10代のフリーダは、校舎の壁画を手がける画家ディエゴ・リベラの姿を何時間も眺めていた（ディエゴの当時の妻グアタールペ・マリンにとっては厄介な存在だっただろう）。フリーダは仲間と、反体制的なアーティスト軍団「カチュチャス」を結成しており、メンバーの多くは後にメキシコの自由思想家たちのリーダーとなった。

18歳のときバスの事故に巻き込まれ、このときに負った怪我の痛みに生涯悩まされることになる。フリーダは、入院中に絵を描き始めた。そのほとんどが自画像で、フリーダにとって、自分自身こそ理想の題材だった。少年の格好をしたり、女性と愛を交わしたりと、どれも型破りで観る者の目を引きつけた。

1928年に21歳でディエゴと再会。42歳のディエゴは、フリーダよりもずっと体格が良く、古いしきたりにとらわれず、女性を平等に扱う人物だった。フリーダは彼のそんな面を愛した。2人は1929年に結婚し、世界中を旅して回る生活を送る——ディエゴは頼まれた場所に出向き、そこで絵を描いた。

浮気症だったディエゴは、フリーダの妹クリスティナとも関係を持つ。そのことにショックを受け、また中絶や手術を経験したフリーダは、自分の感情を、細かくて小さな作品に注ぎ込んだ。彼女の描く作品は、日記のようなものだった。その一方で、フリーダも同性、異性を問わず、奔放に恋愛を楽しんだ。彼女はソ連から亡命した革命家レフ・トロツキーの隠れ家を用意するなどし、彼とも恋愛関係にあったのではないかと考えられている。1939年、ともに不義を重ねたフリーダとディエゴは離婚するが、翌年再婚する。

夫よりも優れた芸術家であると自負していたフリーダは、世界中の展覧会に参加し、自画像を描いてはいたものの、生前は現在ほど評価されなかった。死後、フェミニストの先駆者として脚光を浴び、爆発的な人気を博すようになったのだ。今では、彼女の自画像はとんでもない値段で取り引きされている。

体の弱いフリーダの話はバレエとは無縁そうだが、アナベル・ロペス・オチョアによる『ブロークン・ウィングス』はフリーダとディエゴの話だ。2016年に英国国立バレエ団（ENB）によって初演され、ダンサーで芸術監督のタマラ・ロホがフリーダを演じた。3人の女性振付家によるトリプル・ビル（3つの演目を一晩に上演する公演）で、バレエ界では珍しいイベントとなった。

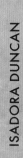

『5つのイサドラ・ダンカン風ブラームスのワルツ』で、タマラはイサドラを演じた

ISADORA DUNCAN

TAMARA ROJO

タマラ・ロホ

バレエダンサー
1974-
スペイン

　プリンシパルになることだけが、タマラの夢ではなかった。彼女はクラシック・バレエ界に、もっと大きくてもっと創造的な影響を与えることを目指していた。

　両親はスペイン人で、急進的な反フランコ派として活動をしていた。カナダで生まれたタマラは、生後4カ月で家族とともにスペインに帰国。マドリードで暮らし、放課後にバレエ教室に通う友人の影響を受けて、バレエに興味を持つ。5歳でレッスンを始め、11歳でヴィクトール・ウラーテ・バレエ学校に入学。両親は、経済的な犠牲を払いながらも、あらゆる面でタマラを支えた。学業と両立させるべく、夜間学校にも通わせた。これは、後にタマラが2つの仕事に励むうえで大きな助けとなる。

　22歳でスコティッシュ・バレエ団に入団し、ゲスト・プリンシパルを務めた後、英国国立バレエ団（ENB）に移籍。芸術監督のデレク・ディーンに『くるみ割り人形』のクララ役に抜擢されると、批評家から絶賛され、興行的にも成功を収めた。2000年にはロイヤル・バレエ団に移り、プリンシパルとなる。

　当時のタマラは、無理を押して踊ることも多かった。足を捻挫してもジゼルを演じきり、公演中に急性虫垂炎になったときには、早く復帰しすぎて再び病院に送られた。けれども、2003年に足に重傷を負ったことで、自分の体をもっと大切にしようと考えるようになる。

　2006年、スペイン政府が「ENBのようなバレエ団を作りたい」とタマラに持ちかけた。プロジェクトは実現しなかったが、これをきっかけに、タマラはバレエ界の裏方に携わることを考え始める。カナダ国立バレエ団の芸術監督カレン・ケインによるトレーニングを受けた後、2012年にENBの芸術監督に就任する。

　ダンスとは芸術であり、身体よりも感情と交流するもの――そうタマラは考え、ダンサーたちにも伝えている。彼女は、バレエ団の財政的な安定は欠かせないことなど、現実的な問題を軽視することなく、新たな分野に挑戦し続けた。無名の女性振付家たちを起用し、戦争をテーマにした作品を制作し、ウィリアム・フォーサイスや**ピナ・バウシュ**らによる難解な作品をレパートリーに加えた。

　タマラは、ピナ・バウシュが振付した『春の祭典』をロンドンで上演できたことを、「実に名誉で光栄なこと」と語り、ピナに敬意を表した。「ピナ・バウシュは卓越した芸術家で、近代文化において最も影響力のある存在です。彼女の作品は、説明を超越しています。見る者の感情に深く訴えかけ、魂に語りかけ、論理的な分析を拒否するものなのです」。

ISADORA DUNCAN

ピナと同様、**イサドラ・ダンカン**も

クラシック・バレエ界に革命を起こした

PINA BAUSCH

ピナ・バウシュ

舞踏家、振付師
1940-2009
ドイツ

　ピナ・バウシュの革命的で創造的な方法論は、舞踊界を揺さぶるような変化をもたらした。ダンサーの生の感情、暗くドラマチックな舞台セット、激しい振付が渾然一体となったパフォーマンスは、バレエ界だけでなく、舞台、映画、テレビにも衝撃を与えた。

　本名フィリッピーネ・バウシュは、ゾーリンゲンで両親が営むレストランの上の部屋に暮らしていた。ピナが人間観察の楽しさを知り、ゲストの前で踊ってみせながらパフォーマーとしての腕を磨いた場所である。当時から明らかにダンスの才能があった彼女は、14歳でエッセンにあるフォルクヴァンク芸術大学のクルト・ヨースに師事する。ヨースの「タンツテアター」という表現手法から影響を受けたピナは、ダンスと演劇を融合させ、バレエの慣習を自由なスタイルと混ぜ合わせ、ほかの芸術も取り入れながら、総合的な創造性を目指した。

　学校を首席で卒業し、奨学金を得てニューヨークのジュリアード音楽院舞踊科に入学。メトロポリタン・オペラ・バレエ団やニュー・アメリカン・バレエ団などで活躍する。ニューヨークであらゆる文化を吸収しては、様々な芸術分野の垣根を越える決意を深めていった。

　恩師ヨースの誘いを受けてエッセンに戻り、フォルクヴァンク舞踊団でヨースの振付を手伝った後、ピナは自分の作品も手がけていく。1973年にヴッパタール・タンツテアター（ヴッパタール舞踏団）の芸術監督に就任し、ダンスオペラやポップ音楽に合わせたダンスを制作し、新たな分野を開拓した。

　バレエのしきたりを乗り越え、生の感情をあらわにしたピナの作品は、とにかくドラマチックだ。登場するダンサーたちは、性差による枠組みに挑み、シュールなセットを飛び回る。感情的な共感を求めながら、同時に道化じみたユーモアも見せる。そんなピナのスタイルは広く影響を及ぼし、彼女が率いる舞踏団は世界中のダンサーたちと共演していった。またピナは、映画監督ペドロ・アルモドバルの作品などにも登場している。ヴィム・ヴェンダースは彼女のドキュメンタリーを手がけたが、撮影開始の2日前にピナはがんでこの世を去った。

　1977年、ピナによる舞台『青ひげ：「青ひげ公の城」を聴きながら』がヴッパタール舞踏団によって初演された。複雑な構成のこの作品は、童話『青ひげ』をモチーフにしたものだが、同様にこの物語に感化されたのが、作家の**アンジェラ・カーター**である。彼女はこの話を大人向けにより残酷な物語に書き換え、『血染めの部屋』として発表している。

ANGELA CARTER

アンジェラ・カーター

作家
1940-1992
イギリス

大人のためのおとぎ話を紡いだアンジェラ・カーターは、それまで陳腐だと見なされていた分野に、シュルレアルでフェミニスト的な視点を持ち込んだ。

第二次世界大戦中のロンドンで生まれたアンジェラは、後に彼女が描く「悪夢のような童話」さながらの生活を送っていた。ジャーナリストの父と厳格な母は、子どもを大いに甘やかしながら、神経質なほど過干渉でもあった。夜中の12時過ぎまで夜更かしが許されるのに、両親の目の届かないところに行くことは決して許されず、10代になっても風呂場の扉を開けたまま体を洗わなければならないような生活であった。しかし17歳の頃、アンジェラは両親に反発するようになる。両親の影響を消し去ろうと、タバコを吸い、ミニスカートをはき、拒食症になるほど急激に体重を減らした。

オックスフォード大学への進学を勧められるも、両親が一緒に引っ越してくると知って、その案を拒否。父親と同じジャーナリストとして働くうちに、工業科学者で

レコードプロデューサーだったポール・カーターと出会う。2人は、民族音楽のショーや核兵器廃絶を訴える行進に出かけたりした。1960年に結婚して——アンジェラは、両親から逃れるには結婚しかないと考えた——ブリストルに移り住み、そこで大学に入学。そして、ジェンダーをめぐる固定観念を解きほぐして破壊する、独自のフェミニズムを形成していく。

夫ポールのたび重なるうつ病で、アンジェラは孤独な生活を送っていたが、小説を発表し始め、3作目『セブラル・パーセプションズ』でサマセット・モーム賞を受賞する。その賞金で日本を訪れ、2年間の滞在中に恋人ができた。男たちとの相性はあまりよくなかったものの、彼らとの関係で、アンジェラのジェンダーについての態度は大きく変わった。作品にも影響が現れ、その頃の2つの作品は、より意欲的な内容になっている。ポールには手紙で離婚を言い渡した。

日本から帰国後、特別研究員やライター・イン・レジ

デンス〔大学が文筆家たちに住居を提供し、文筆家はそこで講義をしながら創作活動を行う〕として、シェフィールド大学やブラウン大学、アデレード大学、イースト・アングリア大学などに在籍する。1977年には再婚し、息子を産んでいる。1979年に代表作『血染めの部屋』を発表。『赤ずきん』『長靴をはいた猫』『青ひげ』といった童話を再構築した短編集で、彼女の作風はおとぎ話の語り直しにとても適していた。華麗な散文調の文体が、息が詰まりそうなほど濃厚な幻想の世界を描き出した。ヒロインたちは自己主張をしながら、従来のイメージからは考えられない強い欲望を持っていた。赤ずきんが狼と交わるベッドの下で、おばあちゃんの骨がカタカタと音を立てる、といった描写もあるほどだ。

　1980年代から、世間でのアンジェラの評価は高まっていくが、人々が彼女の作品を愛し、その非凡な才能に本当に気づいたのは、彼女が51歳で他界した後だった。

　作家として有名なアンジェラだが、実は編集者としても優秀だった。**レオノーラ・キャリントン**の作品を「堅苦しい」と評しながらも、1986年には『気まぐれな少女たちと不機嫌な女性たち』というアンソロジーを編み、そこにレオノーラの作品『デビュタント』を収めている。

それは、ある少女が動物園からハイエナを逃がして自分の代わりに舞踏会に出てもらう、というシュールなストーリーだ。このアンソロジーは、率直で、知的で、多面的で、とても無作法な女性が登場する作品を集めたものであり、アンジェラ自身、そのような人物を描くのが得意だった。

IRIS MURDOCH

憧れのアイリス・マードックと対談したことがある

Carter

GALA DALÍ

ガラ・ダリと同じく、レオノーラもマックス・エルンストと恋仲にあった

KATI HORNA

レオノーラはカティ・オルナと一緒に暮らし、仕事をした

LEONORA CARRINGTON
レオノーラ・キャリントン

画家、作家
1917-2011
イギリス

　25歳になるまでに、マックス・エルンストと駆け落ちし、サルバドール・ダリと交流し、ナチスから逃れ、電気ショック療法を受け、メキシコに移住する——レオノーラ・キャリントンは、前のめりに、激しく生きてきた。

　時を戻そう。イングランドのランカシャー州で生まれ育ったレオノーラは、「クルッキー邸」と呼ばれる〔マーヴィン・ピークの小説に出てくる〕「ゴーメンガースト城」のような家に暮らした。4人の子どものうち唯一の女児で、自然に囲まれて過ごし、アイルランド人のナニーからケルト妖精物語をよく聞かされていた。2つの修道院の寄宿学校から追い出された末に、フィレンツェの美術学校に送られた。帰国して社交会にさらされる一方、チェルシー美術学校に進学し、シュルレアリスムへの愛を開花させていく。

　1937年、レオノーラはパーティで、ドイツ人のシュルレアリスムの巨匠、46歳のマックス・エルンストと出会い、恋に落ちる。エルンストは妻のもとを去り、レオノーラは両親の反対を押し切って、2人はフランスに移り住んだ。彼らはそこでシュルレアリスム運動の中心的存在となり、レオノーラは、お気に入りの動物たちから影響を受けた、意味深長で象徴的な作品を描き始める。第二次世界大戦が勃発すると、エルンストは敵性外国人だとしてフランス当局に逮捕され、ついでゲシュタポにも逮捕される。ナチスから「退廃芸術家」と目をつけられていたのだ。彼はレオノーラをフランスに残し、ペギー・

グッゲンハイムの助けを借りてアメリカに渡ってしまう。

　絶望したレオノーラは、飼っていたワシを空に放つとスペインに亡命する。精神を病んで入院し、電気ショック療法を受けたり、強い抗精神薬を摂取したりした。両親は、娘を連れ戻すためにナニーを潜水艦で送り込んだが、レオノーラは逃げ出し、知り合いのメキシコ人詩人、レナト・ルデュクを探し出す。レオノーラが亡命するために、2人は偽装結婚し、ニューヨークへ向かい、その後、メキシコにたどり着く。数年後、レオノーラは、ハンガリー人のシュルレアリスム写真家エメリコ・ヴァイスと結婚し、2人の息子を産んだ。

　レオノーラの神話的で自然の要素に満ちた絵と、半自伝的な小説は、メキシコで徐々に認められ、大変な人気を博すようになる。1970年代と80年代に批評家からも再評価され、94歳で他界する頃には、絵画作品が高値で取引されるようになっていた。

　レオノーラにとって人生で最も幸せだったのは、同じ亡命アーティストの親友たち、カティ・オルナと**レメディオス・バロ**と過ごしていた頃かもしれない。メキシコで出会った3人は、魔女の集まりのように仲が良く、子どもたちも一緒に育った。精霊や神秘思想が大好きだったレオノーラとレメディオスは、魔術やタロット占い、占星術を嬉々として学んだ。2人は、「女性は古くから魔力を持ち、異教の伝承を受け継いでいる」と考えていたのだ。

LEONORA CARRINGTON

REMEDIOS VARO
レメディオス・バロ

画家
1908-1963
スペイン

　魔法がかけられた、夢の世界のような作品を描いたレメディオス・バロは、メキシコ・シティのシュルレアリスム運動の中核を成した人物だ。

　スペインのジローナで生まれたレメディオスは、エンジニアの父から設計図の描き方を教わっていた。両親は、娘の芸術の才能を伸ばそうとしていたのだ。父親の仕事の関係で、一家はスペイン国内や北アフリカを転々としていたため、レメディオスは広い世界にも触れることができた。マドリードに居を構えると、レメディオスは王立サン・フェルナンド美術アカデミーに入学し、シュルレアリスムに惹きつけられていく。その後初めての結婚を果たし、パリ、そしてバルセロナに移り住んだことで、シュルレアリスムへの興味はさらに強まった。

　バルセロナでは、論理や根拠を拒み芸術と形而上学の結びつきを目指す「Logicophobiste」というグループに所属した。そこでフランス人のシュルレアリスム詩人バンジャマン・ペレと出会い、恋仲になる。2人はパリに戻り、レオノーラ・キャリントンやアンドレ・ブルトンらとともに、シュルレアリスムのグループに加わったが、レメディオスは、自分がほかの仲間とは同じ芸術的立場はとれないと感じていた。たぶん、彼女はジェンダーについての違和感を持ったのだろう。このときの感覚は、後の作品にも表れている。

　その後、ナチスがフランスに侵攻。ナチスはシュルレアリスムを退廃芸術として嫌っており、レメディオスは逮捕される。釈放されるとメキシコ・シティに逃れ、そ

こで同じく亡命してきた芸術家らと出会い、ディエゴ・リベラやオクタビオ・パスといったメキシコ人芸術家の影響を受けた。生活費を稼ぐために、商業デザインや衣装デザインも請け負っていたが、バンジャマンと別れた後に裕福なオーストリア人実業家ヴァルター・グリューエンと恋愛関係になり、お金の余裕ができたことで創作に打ち込むことができた。

　レメディオスは、両性具有的な人物を作品に登場させる。この人物が科学活動をしたり、神秘的な場面にいたり、芸術における抑圧された女性を表現したりするのだ。そうした彼女の作品は、多くの人の目に触れ、売れるようになっていく。だが、残念なことに心臓発作のため55歳で他界し、その短いキャリアは絶たれてしまった。

　レメディオスの魔術的な世界は、シュルレアリスト・トリオの3番手である**カティ・オルナ**によってカメラに収められ、直接的な方法で記録されている。カティは、3人の女性が織りなす生活を写真に残し、彼女たちがどんな日々を暮らしていたかを垣間見せた。

カティ・オルナ

写真家
1912-2000
ハンガリー

　スペイン内戦を撮影したことで知られるカティ・オルナは、シュルレアリスム写真家でもあった。彼女の作品は、芸術美にあふれながら、なおかつ政治的なものだった。

　経済危機に見舞われていたブダペストに、カティ・ドイチュとして生まれる。10代で伝説的な戦争写真家ロバート・キャパと出会い、ともに政治運動に関わりながら、互いの姿をカメラに収めていた。その後、父親を亡くしたカティは、プロの写真家になることを決意する。写真こそが、彼女の急進的な視点を伝える最適な表現方法であった。ベルリンに移ったカティは、理論家のカール・コルシュや劇作家のベルトルト・ブレヒトらが所属する小さな活動家のグループに加わり、いかにして政治、精神分析、芸術を融合させるかを考え始める。

　1930年代に入り、キャパとパリで再会すると、のみ

の市やカフェなどの写真を撮りながら、シュルレアリスムの技法実験も行っていく。その後、2人は内戦が勃発したスペインに渡る。キャパが激しい前線にカメラを向けたのに対して、カティは憐れみ深い視点で、戦下の女性たちの屈しない生きざまを切り取った。

　カティは、アナキスト誌『Umbral（アンブラル）』でグラフィックエディターとして働いているときに、後に夫となる芸術家のホセ・オルナと出会う。1939年、2人はパリに逃れ、ナチスの侵攻が進むとメキシコに亡命する。この地でカティは、レメディオス・バロやレオノーラ・キャリントンらと親交を深めていった。レオノーラの夫エメリコ・ヴァイスはハンガリー人で、カティは彼のことを子どもの頃から知っていた。

　ホセとの間に娘を授かった後も、カティは写真を撮り

続けた。その多くが、仮面や人形を被写体とし、幻想的な要素を組み合わせた作品だった。芸術家たちの集まりを写すことも多く、アレハンドロ・ホドロフスキーやアルフォンソ・レイエスなどの姿もカメラに捉えている。メキシコ・シティに魅せられたカティは、メキシコの市民権を得て、第2の故郷の写真を雑誌に発表していった。

　ベトナムでロバート・キャパが命を落とし、カティは悲嘆に暮れる。その悲しみゆえに、彼女の作品は、全盛期とされる1960年代と比べて、円熟味を増したものになっていく。カティはジェンダーやはかなさを想起させる思索的な作品を手がけたり、建築写真を発表した。そして写真教育や雑誌の仕事を続けながら、88歳まで生きた。

CLAUDE CAHUN

クロード・カーアンもシュルレアリスム写真家の草分け的存在だった

KATI HORNA

著者

ケイト・ホッジス Kate Hodges

英ロンドンのウェストミンスター大学でプリント・ジャーナリズムについて学ぶ。25年以上出版業界に携わり、『The Face』や『Bizarre』『NME』といった多数の有名雑誌でも執筆をしてきた。ロンドンの様々な姿を紹介したガイドブック『Little London』『London in an Hour』『Rural London』や、神話や伝説に登場する女性たちを取り上げた『Warriors, Witches, Women: Mythology's Fiercest Females』なども手がけている。本書（原題『I KNOW A WOMAN』）が初の邦訳書となる。

序文執筆者

ルーシー・マンガン Lucy Mangan

1974年、イギリス生まれ。ジャーナリスト、コラムニスト。ケンブリッジ大学で英語学を学び、書店で働いた後に出版業界に携わる。ガーディアン紙やスタイリスト誌にコラムを発表する傍ら、2018年には『Bookworm: A Memoir of Childhood Reading』を上梓。ロアルド・ダール賞の審査員も務めた。『My Family and Other Disasters』『Inside Charlie's Chocolate Factory』なども発表している。

イラストレーター

サラ・パップワース Sarah Papworth

英ウェスト・ミッドランズ在住。イラストレーター、テキスタイルデザイナー。本書の続編となる『I Know an Artist: The inspiring connections between the world's greatest artists』や『Rainbow Revolutionaries: Fifty LGBTQ+ People Who Made History』のイラストを手がけ、また、『ワシントン・ポスト』紙やロレアル パリなどでも活躍。

訳者

西川知佐 （にしかわ・ちさ）

1984年、広島県生まれ。東京農業大学卒業。訳書に『自分のこころとうまく付き合う方法』東京書籍（2020年）、『ALL BLACKS 勝者の系譜』東洋館出版社（2019年）、『CHOCOLATE チョコレートの歴史、カカオ豆の種類、味わい方とそのレシピ』東京書籍（2017年）〈共訳〉など。

ブックデザイン　長谷川理
DTP・編集協力　株式会社リリーフ・システムズ
カバー印刷　　　株式会社リーブルテック

世界は女性が変えてきた
夢をつないだ84人の勇者たち

2020年9月16日　第1刷発行

著者　　　ケイト・ホッジス
訳者　　　西川知佐
発行者　　千石雅仁
発行所　　東京書籍株式会社
　　　　　〒114-8524　東京都北区堀船2-17-1
　　　　　電話　03-5390-7531（営業）
　　　　　　　　03-5390-7512（編集）
　　　　　https://www.tokyo-shoseki.co.jp

ISBN978-4-487-81354-4
Original title : I KNOW A WOMAN
First published in 2018 by Aurum Press an imprint of The Quarto Group
The Old Brewery, 6 Blundell Street London N7 9BH United Kingdom
Copyright © 2018 Quarto Publishing plc.
Text © 2018 Kate Hodges
Foreword © 2018 Lucy Mangan
Illustrations © 2018 Sarah Papworth
Japanese translation rights arranged with Quarto Publishing plc., London through Tuttle-Mori Agency, Inc., Tokyo
Japanese Text Copyright ©2020 by Tokyo Shoseki Co., Ltd.

Printed in China

Acknowledgements

DEDICATED TO all the inspiring, supportive and hilarious women in my life: my mum Rhona, my daughter Dusty, Esther, Guri, Sarah, Sarra, Hege, Nadia, Denise, Alix, Melissa, Mrs Kennedy, all Ye Nuns, Letty, Megan, Ingrid, Ann, Jane and Caroline.
And the best men too: Jeff, Arthur, Tom and Colin.
HUGE THANKS to: Sarah Papworth for her incredible illustrations, superstar agent Juliet Pickering and all at Blake Friedmann, Melissa Hookway at Aurum for her insight, encouragement and expertise, Josh Ireland for his sensitive, helpful editing, and Paileen Currie for her formidable design skills.